大學人文教育 第九辑

中华文化全球传播时代的
新文科

本书为教育部首批新文科研究与改革实践项目
「面向中华文化国际传播时代的新文科建设」阶段性成果

罗鹭　银浩◎主编

四川大学出版社
SICHUAN UNIVERSITY PRESS

图书在版编目（CIP）数据

大学人文教育．第九辑，中华文化全球传播时代的新文科 / 罗鹭，银浩主编．— 成都：四川大学出版社，2023.4
ISBN 978-7-5690-6066-9

Ⅰ．①大… Ⅱ．①罗… ②银… Ⅲ．①人文科学－教学研究－高等学校－文集 Ⅳ．① C41-53

中国国家版本馆 CIP 数据核字（2023）第 058336 号

书　　名：大学人文教育（第九辑）：中华文化全球传播时代的新文科
　　　　　Daxue Renwen Jiaoyu (Di-Jiu Ji): Zhonghua Wenhua Quanqiu Chuanbo Shidai de Xinwenke
主　　编：罗　鹭　银　浩

选题策划：张伊伊
责任编辑：张伊伊
责任校对：毛张琳
装帧设计：墨创文化
责任印制：王　炜

出版发行：四川大学出版社有限责任公司
　　　　　地址：成都市一环路南一段 24 号（610065）
　　　　　电话：（028）85408311（发行部）、85400276（总编室）
　　　　　电子邮箱：scupress@vip.163.com
　　　　　网址：https://press.scu.edu.cn
印前制作：四川胜翔数码印务设计有限公司
印刷装订：成都金阳印务有限责任公司

成品尺寸：185mm×260mm
印　　张：9.75
字　　数：211 千字

版　　次：2023 年 6 月 第 1 版
印　　次：2023 年 6 月 第 1 次印刷
定　　价：68.00 元

扫码获取数字资源

四川大学出版社
微信公众号

编 委 会

目　录

本期导语

特稿：文学院院长谈新文科与新中文

国际中文教育问题

数字人文的理论与实践

"大文学"与文学教育

档案库

本期导语

时代的命题：新文科、新中文与中华文化全球传播

李 怡

四川大学文学与新闻学院

本辑《大学人文教育》专题总结"面向中华文化全球传播时代的新文科建设"的教育探索，这是教育部首批新文科研究与改革实践项目。值得一提的是，我们有幸邀请到国内教育界特别是中文教育界的诸多重量级学者参与，就这一话题各抒己见，提供了诸多富有启发性的真知灼见。同时，中文教育的全球传播也是极具实践意义的，来自这一方向的学科建设者们也贡献了第一线的经验和思考，包括一份直面时代问题的学科发展报告，这样从理论到实践的双重展示是要努力说明一个追求：所谓新文科、新中文的时代命题既必须"务虚"，也必须"务实"。所谓"务虚"，指的是一系列的教育教学理念需要展开理论层面的梳理、反思和拓展，所谓"务实"就是这些教育理念不能仅仅停留在以空对空的理论建构的层面，它应当是能够进入具体教育教学环节的应用的检验。如果说新文科、新中文的建设首先需要解决中华文化全球传播的时代要求，那么这一教育教学的现状如何，存在哪些亟待解决的问题，所有"新"的理念如何才能引领我们的教育改革？

以上"务虚"又"务实"的双重追求还将通达我们自己的新文科、新中文理念。在我看来，这一理念至少应当包含两个重要的支柱，一是跨学科视野在"新文科、新中文"建设中的特殊价值，二是文科或者说中文自己的自反性开掘。在前一方面，我们可以展开的话题是非常丰富的，例如文理交叉，文工的对话，或者文医的融合等等，限于篇幅，我们在这里重点展示其中一个近年来的热门话题：数字人文。同时，任何跨界、跨域的学科开拓必将以对本学科自身的检讨与反思为基础，从而引发关于上述后一方面的追问。在此，我愿意和大家分享自己近年来始终坚持的"大文学"理念。

"大文学"这个概念，最早是一些民国时期的文学史家在写文学史时的自我命题。早在1918年，四川大学的谢无量教授就写了《中国大文学史》，虽然这本著作没有清晰界定什么是"大文学"，但通过谢无量的文学史追溯，我们能够初步理解他所谓的"大文学"是什么：中国古代的文学是"杂文学"，"文学"与"文章"的概念是混在一起的，并不是指近代意义上的"纯文学"。纯文学是近代以后我们在取法西方知识系统的基础上构建起来的。虽然我们构建了"纯文学"的形态，但其实我们面临的问

题始终都比"纯粹"这两个字要复杂得多。随着中国现当代文学诸多历史事实的逐步澄清，我们已经越来越清晰地意识到，现代中国作家与现代中国知识分子一样，等待他们关怀和解决的"问题"绝不只是作为"艺术"的文学，在更多的时候，文学的问题、艺术的问题不得不纳入更大的也更为复杂的社会文化的整体问题框架中来加以思考，而且问题本身的错综复杂与历史的流变繁复也使得这些问题一点也不单纯，介入和处理问题的方式也需要不断地调整，现当代中国文学的存在本身就是一个超出"纯文学"的现象。我曾经针对"中国现代文学学科发展的意义"简述过关于"大文学"思想的一些基本观念，今天，在新文科、新中文的热烈讨论中，我认为这一理念同样也应该进入具体的教育教学，形成新文科内部多学科融通——语言文学与历史、哲学、社会学等的相互结合，不仅是内容内涵、思维方式上的彼此取法，也是学术工具、学术方法、教育形式的相互借鉴。李俊杰等老师所讨论的"大文学"教育实践问题可以给我们相当的启发，在新工具的研讨方面，数字人文显然是目前最重要的话题。2018年，中国社科院文学所研究员刘福春教授在四川大学创立新诗文献馆，主导建立中国现代文献学二级学科博士点，从那时起，如何以新诗文献为基础建立一个独一无二的数据库，为百年中国新诗的研究带来全新的可能，就一直是我们思考的课题，刘福春教授对此也有了一些自己的准备。2021年，著名的数字人文专家王兆鹏教授加盟四川大学，带来了更为完整的文学文献的数字化思想，于是，四川大学的相关工作得以大幅度地推进。本辑中，我们访谈了两位资深的文献学家，以及近年来一直对此颇多探索的周文老师，希望他们的经验对我们今天的新文科、新中文建设有所助益。

总而言之，新文科、新中文与中华文化全球传播都是当今时代的重要命题，作为这一时代的科研工作者与教育工作者，我们都有责任来关注它的内涵和走向，来回答相关的困惑，努力开辟学术和教育的新方向，本辑中的讨论只是我们对问题关切的一种方式，希望以此吸引更多国内同行的兴趣，大家一起努力，最终真正推动一个时代的学术与教育的自我革命。

特稿： 文学院院长谈新文科与新中文

搭建学科平台　培养新型人才

——关于北京大学中文系新文科建设的思考

杜晓勤

北京大学中国语言文学系

北京大学中文系是历史最为悠久、专业最为齐全的中国语言文学学科建设单位，自 1910 年始，北大中文系的学科建设与发展就始终与国家民族的命运、社会转型发展血肉相连，始终立足于服务国家文化自信和解决国家基础研究重大问题需求。为了更好地适应新文科建设的新形势、新要求，北京大学中文系近年来注重优化现有学术资源，尽量打破专业壁垒，强调各专业融通，通过一系列"内合外联"的举措，形成了对内整合打造"三大学科平台"、对外联系增加"多重合作机制"的新文科建设格局。

首先，注重内涵式学科发展，打破专业壁垒，强调专业融通，培育新的学术增长点。

北京大学中文系已于两年前将现有的专业整合成了三大学科建设平台：中国古典学平台、现代思想与文学研究平台、语言与人类复杂系统研究平台。

中国古典学平台主要是将北大中文系现有的古代文学、古典文献与古代汉语 3 个教研室 40 多人的学术人员进行整合，在这一学科融通平台上对中国古典学进行更为深入的研究，解决中国优秀文化传统向现代转型的难题。目前正在推进的重点研究项目，主要有"北京大学出土文献整理与文本释读""先秦两汉经典文献的形态与流传过程研究""中国古代汉语音义关系研究""中国古代汉语音韵与古典诗歌韵律形态结合研究""中国古代人文思想经典著作的现代阐释与域外影响"等，进一步发掘中国古典学的文化活力。该平台目前编有《中国古典学》辑刊，定期召开中国古典学国际会议，正在筹备设置面向海内外中国古典学界的学术成就奖——"魏建功中国古典学奖"。还拟成立"尔雅书院"，与北京大学"国学研究院""国际汉学家研修基地"合作，共同建设中国古典学研究基地、中国古代文学思想经典著作外译研究基地，为中华文化学术优秀成果走出去、讲好中国故事作贡献。

现代思想与文学研究平台则涵盖现当代文学与文艺学、比较文学、民间文学等专业方向，是一个有 30 多人的学术团队。该平台旨在打开面向中国当代文学创作、生产和传播的巨大社会需求的空间，构筑富有活力的集现当代、比较、理论、民间与文学史为一体的"大文学"学科，主要关注"中国文学的现代性源起""中国的现代社会变革与文学传播""当代公共空间与影像传媒""现代思潮与文学表现""当代思潮与网络文学研究""后现代理论与文化研究"等问题，回应当下社会热点。该平台还利用新成立的"北京大学文学讲习所"和"现代中国人文研究所"，邀请国内外著名作家作为驻所创作研究人员，打通文学研究与创作实践之间的联系，集聚国内外优势学术和文化资源，促进中文系的文学教学与学术活动，并向北京大学甚至全社会开放。该平台拟筹办《文学研究》辑刊，已经主办"王默人—周安仪世界华人文学奖"评奖活动多届，在海内外华文创作界和评论界产生了较大的影响。

语言与人类复杂系统研究平台则是对现代汉语、古代汉语（该专业方向兼跨中国古典学平台）、语言学、计算语言学、语言学实验室诸单位学术力量的整合，亦有 30 多人。该平台一方面通过走出去和请进来的学术交流，推动中国语言学跟世界语言学的双向对流，把对汉语（方言）和少数民族语言的研究置于世界语言变异的大背景下，运用国际上各种先进的语言学理论和方法来研究中国境内语言的句法、语义和语用及其历史演变规律；推动语言学研究的人文精神与科技理性的结合，探索语言对于人类生存、进化与发展的影响，更好地说明人类在宇宙中的位置；另一方面借鉴认知神经科学、计算机科学技术等理论与方法，研究人类语言的神经心理机制以及在机器智能中的实现途径。同时，推动语言学理论探索和应用研究的互动促进，推动汉语计算语言学和中文信息处理等应用性学科的发展，把相关研究成果及从中产生的理论和方法回馈世界语言学，在国际语言学舞台上，更多地发出中国人的声音。该平台拥有两种历史悠久、影响广泛的学术期刊，其中已办刊 30 余年、出刊 66 期的《语言学论丛》更于近期获批正式刊号，新的创刊号于 2022 年 6 月份推出，将对语言学科的发展与交流发挥更大的作用。北京大学语言学实验室也成为教育部"第一批文科实验室试点单位"，将在更高的平台上，将语言实验学推向新境界。

其次，发挥学科优势，依托学科交叉平台，在日常教学、科研指导方面，推动复合型、创新性人才的培养。

中国古典学、现代思想与文学研究、语言与人类复杂系统研究三个学科交叉平台，不仅是学术研究平台，更是拔尖人才培养平台，全方位助力"未名学者"中国语言文学拔尖学生培养基地的建设。

"未名学者"中国语言文学拔尖学生培养基地的目标，是建成具有世界一流水平的中国语言文学本科生教学体系，培养出一批既精通中国传统治学方法又熟悉现代学科规范、具备学术创新能力的杰出青年学者。在继承优秀学术传统的基础上，服务国家重大发展战略需求，培养并扶持一批具有中国文化自主性和明确问题意识的青年领军人才。

根据三大交叉平台的学科发展规划和人才目标培养，北大中文系将拔尖人才培养基地的学生也分成了相对应的"经典精读班""语言与人工智能班""现代思想与文学研讨班"。基地班主要招收人文学部大一、大二的学生，每班约 10 人，提供 20 学分左右的特色选修课程，可替换之前培养方案的选修课。平台负责人和学术骨干兼任三个基地班的首席专家和指导教师，负责编制和审定基地班的培养方案和课程设置。

基地班除了开设 40 多门专属课程，课外活动亦丰富多彩，有读书会、青年论坛、国内外游学、参观考察、田野调查、实习实践、自主科研支持项目、名师一对一辅导、跨校选课、演讲辩论会，等等。其中，"静园学术讲座""博雅人文讲堂""王力学术讲座"广邀系内外名家授课，受到师生好评。尤其是基地还充分借助三大学科平台丰厚的学术资源和完善的课程体系，为教育部拔尖人才培养基地线上书院提供了充沛的网络课程学习资源，惠及校外，辐射全国。

在研究生培养方面，三大学科平台也在拓宽研究生的学术视野，助力复合型创新型研究生的成长方面发挥着重要作用。三大学科平台成立之后，为全系研究生开设了三门平台限选课："中国古典学前沿专题课""现代思想与文学研究前沿专题课""语言与人类复杂系统研究前沿专题课"。这些平台前沿课，每学年开设一次，由三个平台各专业方向的资深教授共同支撑、轮流讲授，要求每位研究生必须选修 1 次本平台的学术前沿课，这就在很大程度上打破了以教研室或导师组作为培养研究生基本单位的弊端。平台前沿课开设以来，各专业研究生的学术视野更为开阔，研究角度也更为多样，一些需要综合运用多学科知识才能解决的学术难题，也越来越多地成为博硕论文研究的对象。在学术鼓励方面，各平台都设立了具有交叉学科特点的面向研究生的学术奖，如中国古典学平台就有"孟二冬纪念奖""董洪利古文献奖学金""魏建功中国古典学奖"，现代思想与文学研究平台设有"王默人——周安仪小说奖""杨晦学术奖"，语言与人类复杂系统研究平台设有"李小凡方言学奖""王力学术奖"，通过学科平台主持的评奖活动，各专业方向的研究生也就能够同台竞技、各显其能、互相砥砺、共同进步了。

最后，注重与校内其他一级学科甚至校外单位进行"外联"，形成跨学科的"多重合作机制"。

因为新文科建设的宗旨就是要突破传统的中国语言学科这一学科藩篱，服务于增强国家文化自信、国家基础研究重大问题的需求，思考探索当今人文学科知识重建和变革的形势下，中文学科如何应对百年之变、实现内涵式发展等重大学科问题。为此，北京大学中文系也在尝试建立多重有效的对外联系与联通机制。

中国古典学平台除了与校内社科虚体研究机构国学研究院、国际汉学家研修基地高度融通、精诚合作，举办了一系列面向海内外的学术交流活动，还与日本早稻田大学日本古典籍研究所定期联合主办"中日古典学交流与融通工作坊"学术交流活动，与意大利威尼斯大学东方学院定期联合主办"中欧古典学交流工作坊"活动，与国家图书馆国家古籍保护中心联合举办"风雅·风骨·风趣：中国古代文学名家名篇系列讲座"，与浙江宁波天一阁联合举办"天一书香　唐音宋韵——北京大学中文系古代文史名家系列讲座"，帮助江西省南昌市举办"滕王阁金秋诗会"，服务社会各界，弘扬优秀传统文化。现代思想与文学平台也联合挂靠于中文系管理的轻实体机构"北京大学文学讲习所""现代中国人文研究所"，秉持"铁肩担道义，妙手著文章"的人文传统，一直坚持做着对学生文学创作能力和理论素养的全面提高工作，以及将古今中外文学作品的艺术魅力向校内外、国内外广泛弘扬。语言与人类复杂系统研究平台更注重与校内外各单位的学术合作，北京大学"计算语言实验室"，本来就是中文系与信息科学学院的计算语言学研究中心合建的，承担着中文系应用语言学专业方向人才的培养工作，由于具有文理交叉的专业特点，不仅成为许多怀抱文学梦的理科生报考中文系的首选，也为提升中文系学生的科学素养和现代信息技术的运用能力做出了贡献。"北京大学语言学实验室"长期以来与北京大学心理与认知学院、信息科学学院、哲学系和中国社会科学院语言所、中国科学院声学所、中国音乐学院有声文化研究中心有合作关系，获批教育部第一批文科重点实验室试点单位之后，更成为北京大学新文科建设和"数字＋人文"建设的一大亮点，目前又开始与北京大学人工智能研究院、未来学院、交叉研究院进行新的学术合作，成为学校层面新文科建设的一个平台。

当然，在新文科建设中，也有一些问题需要认真思考和妥善处理：

第一，中国特色、北大传统与国际化、现代性的辩证关系。我们既要"守正出新"，又要"与时俱进"；既要向国内各兄弟高校的中国语言文学学科学习，取长补短，共同进步；又要放眼世界，主动与世界一流大学的东亚系进行学术交流，走出去、请进来，教师、学生，教学、科研和行政管理，各方面都要学习世界一流大学（不限于东亚系，还包括其母语院系）的先进经验。在时机成熟后，可以搭建中国语言文学研究与教育的全球化的学科建设平台，将北京大学中文系建设成名副其实的全球中文学科研究与教育的中心。

第二，个体性、个性化研究与有组织、项目化的科研之间的关系。既要尊重学术个性，鼓励专题研究，也要鼓励学者根据共同兴趣和共同面对的问题，组成不同规模、各种形式的科研团队，解决跨专业方向的一些难点问题。在这方面，语言与人类复杂系统研究平台和中国古典学平台已有了一定的基础和成效，现代思想与文学研究平台也有计划与设想。原则是老师们根据学术兴趣自愿加入，个人学术兴趣与团队的集体课题有机统一，相辅相成，互相促进。

第三，学术成果的产出与评价机制之间的关系。一方面继续尊崇"板凳要坐十年冷，文章不写一句空""十年磨一剑"的学术精神，戒绝学术浮躁、追赶时髦之风，鼓励"出精品""出大成果"；另一方面，也要有时不我待的紧迫感，保持一定的学术产出量。学术评价和科研绩效，继续采用一定数量的代表作制，推行同行评议。重要学术成果鼓励发表于学界公认的大刊、名刊（包括国外学术刊物）。以文为本，以质为准，非以刊评文衡人。根据不同专业特点，制定合理公正的学术评价机制。

第四，专业研究与社会服务之关系。在做好基础研究、专门研究的同时，鼓励部分教师根据自己的研究成果、学术个性、学科思考、社会关怀，以多种身份不同形式广泛参与国家战略、方针、政策的制定工作，在教育、文化、人才培养甚至国际关系等重大领域，积极参与建言献策，提供学术支持，为时代的进步、国家的发展、人民的幸福尽一份力量。

第五，人才培养与全球招聘之关系。在队伍建设方面，引育并重。既要努力培养人才，选留本系优秀毕业生，赓续百年北大中文学脉，弘扬优秀学术传统，更要放眼全球，全员引才，不拘一格，招聘国内外世界一流学科的顶尖人才，建成一支真正充满新鲜血液、活力四射且不断壮大的世界一流的师资队伍。

新文科背景下中文专业人才培养的新路径

王立军

北京师范大学文学院

2016 年，习近平总书记在哲学社会科学工作座谈会上指出，要积极构建中国特色哲学社会科学的学科、学术与话语体系，为"新文科"建设与高等教育人才培养的改革创新指明了方向。2018 年，中央明确提出加快发展"新文科"建设，进一步提升教育服务能力和贡献水平。2020 年，教育部对新文科建设作出全面部署。

概括来说，"新文科"的"新"主要表现在以下四个方面：第一，新的学科使命。当前世界所面临的百年未有之大变局，为人文社会学科提出了时代性的新要求，在实现国家"两个一百年"奋斗目标、实现中华民族伟大复兴中国梦的新征程中，人文社会学科肩负着新的使命。第二，新的学科理念。新的使命和社会责任，也要求人文社会科学不再是纯粹的象牙塔的学问，而是要突破原有学科的藩篱，面向现代，走向应用，服务国家战略需求。第三，新的学科内容。现代社会的复合型需求使得学科发展越来越趋向于综合交叉，传统意义上人文社会学科与自然科学的界限正在被打破，人文社会学科研究对象将会发生显著变化，与理工科新兴领域进行交叉融合，将成为新文科内容的重要增长点。第四，新的学科建设手段。新一轮科技革命，使得大数据、人工智能、区块链、虚拟技术等新兴技术也进入了人文社会科学的研究领域，从而使得文科的建设手段发生了重大变革。

中文学科是人文社会科学最重要的基础学科之一，"新文科"建设为中文专业人才培养带来了新的机遇，也提出了新要求。在"新文科"建设理念的观照下，我们看到了以往中文专业人才培养工作中存在的不足：面对新时代文化传承的新使命，中文人才的培养理念、知识体系、能力目标相对平面化和单一化；面对服务国家战略需要的新任务，中文学科的壁垒相对固化，学科交叉不够充分，学科视野不够开阔；面对"新文科"建设的新形势，中文人才培养的方法、手段、媒介相对滞后，与信息技术、新媒介平台结合不足，难以支撑新理念、新目标的实现。这些问题制约了中文专业人才培养的高质量发展，必须进行系统性的改革，探索与"新文科"建设理念相适应的中文专业人才培养的新路径。

一、树立中文专业人才培养的新理念

为适应新时代对文科发展的新要求，中文学科应以习近平新时代中国特色社会主义思想为指导，突破传统的学科藩篱和思维定式，将学科建设融入时代发展的主旋律，将人才培养与国家的重大战略需求紧密结合，形成更有利于拔尖创新人才成长的新的培养理念。

要兼顾文科教育的知识性与价值性，进一步凸显知识体系中的价值导向，将价值塑造、知识传授和能力培养融入课堂教学"主渠道"，引导学生树立马克思主义世界观，深刻理解社会主义核心价值观，关注社会国家需求，主动服务国家软实力提升和文化繁荣发展；要科学统筹文科教育的固本与求变，着力推进在传承文化过程中的现代创新；要适应新时代中国特色社会主义文化建设的需求，引导学生从中华优秀传统文化中汲取力量，努力推动中华优秀传统文化创造性转化、创新性发展；要强化人文学科与现代技术的深度融合，完成专业知识体系和能力目标更新，建立基于多学科交叉复合的新课程体系和教学实践模式，培养满足国家战略需求的复合型人才。

二、明确中文专业人才培养的新目标

在新文科导向下，中文专业人才培养的目标也要随之更新，要从过去围绕文化教育事业，培养有厚重知识积累、注重基础理论研究与实践的中文人才，提升为围绕传承文化、服务国家的重大使命，培养具有跨学科综合知识内涵，拥有基础理论研究与传统文化的创新转化能力、研发能力与拓展能力，堪当中华文化传承创新重任的新时代中文拔尖人才。

同时，还要将课程思政理念贯穿于人才培养创新的全过程。深度挖掘中文学科所包含的真善美品格及育人元素，将专业基本原理与思政教育相结合，在课程体系中设置"家国情怀与社会责任""经典研读与文化传承""艺术鉴赏与审美体验""国际视野与文明对话"等模块，在人才培养过程中完成家国情怀的浸润、实现道德修养与文化素养的提升，从而培养爱国守正的中华文化传承者与创新者。

三、构建中文专业人才知识结构的新体系

与新的培养理念和目标相适应，中文专业人才培养的知识体系也应从过去追求单一学科的专精深透，提升为在专精深透的基础上，进一步追求跨学科的知识融汇融通。要打破中文专业人才培养的传统固化模式，构建以跨学科、跨领域知识内涵为基础的新型课程体系、教材体系，以培养学生跨学科、跨领域的知识融通能力。

推动中文学科与相关学科的深度融合，构建文学、史学、哲学、艺术学、传播学等"多科融通"的新范式，将中文学科新型学术内涵与知识体系进一步转化为创新性的课程体系与教材体系，形成以"大文科"知识结构为支撑的中文专业知识新格局，更好地满足国家对传承发展中华优秀传统文化的拔尖创新人才的需求；推动中文学科与教育学、心理学、社会学的深度融合，形成语言学、文学、教育学、心理学、社会学彼此融通的"中文教育改革与人文素养发展"的新型知识体系，推动中文教育理论与实践贯通型课程体系的创新，培养更多既懂中文又懂教育的高素质中文人才。

四、探索中文专业人才培养的新模式和新方法

"新文科"导向下中文人才培养目标和知识体系的调整，要求人才培养模式也必须随之革新。要探索以学生个性发展为根本导向，以自主性学习、探究式学习和创新性学习的实施为具体方式，以"传承文化，服务国家"为核心宗旨的新型中文人才培养模式。

在具体方法和手段上，要紧跟新一轮科技革命和产业变革新趋势，推动人工智能、大数据等现代信息技术与中文专业的深度融合，让中文学科也能享受当代技术发展的红利，创新中国语言文学的教学手段与教学体系，增强中文学科的现代色彩，优化中文专业人才培养模式；要将与中国语言文学相关的数字化资源与应用平台有机融入教学的重要环节，以增强学生的资源获取能力、信息整合能力及信息技术素养，提升学生信息技术与中文知识的融合能力；要将传统教学与多媒介手段运用相结合，将线下教学与线上教学相结合，将课堂教学与研修教学相结合，通过新媒体手段，拓展学生的学习空间、学习时间与学习方式，从而提升学生以学习能力、思考能力、研究能力与媒介能力为核心的多元综合能力；要注重通过强化多种形式的实践教学环节，推进理论教学与实践教学的接轨，构建多层面、多维度的开放式教学体系，鼓励学生通过多样化的实践方式，提升弘扬汉字汉语文化、继承文学创作传统、推动中文教育与国际传播的能力；要重视专业研修社团的作用，让专业社团作为人才培养第二课堂的有机组成部分，通过社团活动促进学生个性化发展，提升学生"传承文化，服务国家"的实践能力。

此外，在运用新的培养模式和培养方法筑牢新型中文知识体系的基础上，也要注意强化学生的国际化训练，拓宽学生的国际视野。通过与海外著名大学合作开展双学位、联合学位、学分互认、交换学生等办学模式，以及赴境外参加小学期课程、夏令营或冬令营等方式，为学生提供更多国际学习的机会，培养学生的国际交流能力、跨文化沟通能力以及和国际中文教育的能力，为中国文化"走出去"提供人才支撑。

时代赋予中文学科新的历史使命，也为中文学科注入新的动力。面对高等教育领域"新文科"建设这一重大改革，中文学科应主动适应国家需求和新时代发展，积极

迎接新挑战，树立新理念，明确新目标，把握新机遇，走出新路径，着力培养符合"新文科"理念的新时代高素质中文人才，为坚定文化自信、建设社会主义文化强国、实现中华民族伟大复兴的"中国梦"做出应有的贡献。

中文学科要积极参与时代文化创新

过常宝

北京师范大学文学院

"新文科"口号提出一年多来，所汇聚的共识越来越多，当前最大的问题不是要不要建设"新文科"，而是如何建设"新文科"。就中国语言文学学科而言，一些尝试集中在学科交叉研究上，但整体改革的思路和氛围还没有形成，一些基本的学科认知还需要探讨。此处提出一点浅见，就教于各位同行。

一、中文学科的文化属性

在中国古代，语言和文学分别属于四部中的经部和集部，其中集部收辑的几乎都是文学文献。传统小学是为经学服务的，文学具有社会认知、民众教化、人格培育的功能，所以，语言和文学可以说是中国传统文化的基础，是中国传统学术的正宗。就此而言，中国的语言文学学科本应具有鲜明的文化属性，承担着文化传承和发展的责任，所以，早期的国文系是包括经学等课程的。将语言和文学限定在西学学科范畴之中，表面上看似乎只是去掉了经学部分，但实际上它削弱了传统语言文学的文化功能。在文化形态较为简单的时代，这一点并不十分惹人注意。

随着社会的发展，人类的生活方式和交往方式也发生了显著的变化，文化的内涵越来越丰富，文化呈现的方式越来越多，文化建设的专业性要求越来越高，社会开始向中文学科寻求更多、更专业的文化支持，而当下的语言和文学学科又较难以提供这样的支持。2015 年，我代表北师大文学院在与欧美大学讨论合作建设海外中文学院时，几乎所有的合作对象都要求将合建专业名称改为"中国语言与文化"，将课程内容扩大到中国文化和社会生活的更多层面。此外，中国近半的中文学科是师范专业，中学语文课程标准明确提出其学科核心素养包括语言、思维、审美、文化这四个层次，语言和文学只能对应到第一、三两个层次，不但一线的语文老师难以完成文化素养的教学任务，培养师资的中文学科也有着同样的尴尬。以上两个例子都说明，当下学科意义上的"语言"和"文学"并不能含括"文化"，所以，中文学科必须革新学科观念，回归并确认自己的文化属性。

中文学科的文化属性，既表现在传承和发扬传统文化方面，也表现在参与当代文化建设方面。基于古代文献的语言和文学的教学研究，固然是传统文化的重要内容，但传统文化不止于此。2017 年中共中央办公厅和国务院办公厅联合颁发的《关于实施中华优秀传统文化传承发展工程的意见》中，提到要构建中华优秀传统文化传承发展体系。在目前的学科布局下，它理应成为中文学科的时代使命。当代文化现象往往伴随着新的社会理念、交往方式、技术手段而出现的，文化的内涵、媒介和形态都迥异于前，并且极具生长性，难以在传统的学科范畴或研究领域内予以准确把握。中文学科作为一个基础雄厚的传统学科，在近百年的历史中已经形成了十分成熟的学术理念和学术方式，学术领域相对固定，但中文学科的文化属性和社会责任感，要求其必须关注时代文化的发展，有勇气自我突破，与其他人文、社会、自然科学交叉融合，形成新的学科态势，完善学科的文化功能。

二、中文学科的民族属性

很多学科都有研究、传播、创新中国文化的内容，但中文学科本身就是中国文化呈现给世界的第一个镜像，也是深入学习、了解中国文化的引航者，因此，中文学科可以说是中国文化的一个突出标志，这是它不同于其他学科之处。中文学科以中国语言及中文文献为基础，不论其学科理念如何国际化，它也只能是一个民族性的学科，有着鲜明的民族属性。因此，中文学科必须自觉传承民族价值，维系民族情感，维护中华民族多元一体文化格局。中文学科要以民族文化的立场和责任来完善自己的学科建设，要善于做大学问，有勇气打造具有中国特色、中国风格、中国气派的理论学术话语体系，要能从文化传统传承中，从当代文化发展趋势中，从当代人的精神文化需求中，找出新命题，创造出新的学科价值。

中华民族文化共同体内有着丰富多彩的民族文化和区域文化，但这方面的研究，尤其是区域文化的研究还比较薄弱。目前，中文学科广泛分布于中国各地高校中，它们也是各区域文化的重要标志和发展基地，地方高校的中文学科应该将区域文化的研究和创新当作自己的重要目标，并从区域文化出发形成自己的学科特色。此外，特殊的行业、群体、遗迹、人物等，都有可能形成独到的文化类型或文化风貌，都是民族文化共同体的组成部分，着眼于特殊的文化领域，不但能显示中文学科的现实担当，而且对打破中文学科高度同质化，形成学科特色，走出"内卷"，有着重要的意义。

中文学科还处在国际文化交流的前沿，承担着讲好中国故事，让中华文化走出去的责任。因此，中文学科在秉持民族立场的同时，还要具有国际视野，对域外文化有着公正的态度和充分的理解，在积极汲取外国文化的优点的同时，更要有明确的对话意识和批判精神，在多元文化的交流碰撞中完善自己的学科体系。中文学科应该充分利用中国政治、经济、文化的影响力，寻求多种形式的国际合作，努力传播中国文化，为世界文明做出自己的贡献。目前，不少中文学科都设有国际中文教育专业，但无论是教学内容、课程设计，还是教学方式，在专业性、国际化方面都有一定的提升空间，这也是中文学科新文科建设面临的一个重要课题。

三、中文学科的技术属性

中文学科长期以文献为研究对象和教学内容，尤其看重两古学科，形成钻故纸堆的自觉意识，也将其看成是一种学科精神，但过分执着于这一点，则有碍新文科建设。中文学科，无论所涉及的思想、情感、文化如何纯粹、经典、个性化，其交流、传播、继承的手段总是具有技术属性的，从口传到抄录，从印刷到电子化，从文字到影像，从阅读到表演，从作者文本到交互文本，等等，中文学科的教学研究对象从来就不是一成不变的。传播媒介和交流方式的变化，也反过来影响了思想、情感、文化的内容和形态。所以，在保持钻故纸堆精神的同时，也要积极拥抱新技术，形成新的学术领域、研究方式、教学方式，适应和满足时代文化发展的需求。

我曾听一所著名大学的文学院院长谈起过，该院应用语言学有着非常高的学术水平，早期为多家从事语音合成的科技公司提供学术服务，近些年来，语音辨析、合成、信息处理的技术有了很大的进步，但相关的研究和开发已经基本由科技公司自己来做，而学院的语音研究也渐趋衰落。这是新技术超越传统学术的一个例子。此外，人机交互、万物互联、智能化已经成为计算机科学、认知科学、心理学和社会学等学科研究的重要课题，其中虽然包含着语言文字等信息处理的内容，但中文学科的反应则显得有些迟钝，予以关注的中文学科还不多，说明中文学科普遍缺乏追踪和应用新技术的意识。

其实，中文由于文献研究的特点，是较早受益于并开展数字化的学科。目前，汉字编码、信息处理，文献的数据库建设，都具有了一定的规模，但长时间处于各自为政的粗放发展阶段，尚未能进行有效的整合，应用效率较低。而且，新技术、大数据、网络化、智能化，作为新的文化形态，赋予语言、文学、文化等新的理念、逻辑和场域，使得语言、文学、文化的内容和形态有了很大的改变，并且在周边创造出多个新的文化领域和样式，形成新的文化需求。这些都给中文学科提出了新的挑战，只有认可中文学科的技术属性，革新传统的学科理念和方法，主动利用新技术，研究新的文化形态，才能避免被边缘化的境地，完成培养文化创新人才，促进文化健康发展的使命。

多年来，中文学科为中国文化的发展和传播做出了重要的贡献，培养了众多的文化精英和无数的文化建设者，成就巨大。在新文化的浪潮下，一些中文学科积极尝试，在文化产业、非物质文化遗产、新媒体、文旅融合、公共交流、语言治疗、人机交互等方面做出了不少成绩，展示了新文科建设的希望，值得我们关注和学习。面对新文科建设的机遇，如果能在新文科发展理念和发展方向上多一些自觉意识，探讨出更多的切实可行的方法，中文学科可能会迎来一个新的发展高潮。

"自新"与"自得"

——"新文科"与文科拔尖人才培养内涵的提升[*]

徐兴无

南京大学文学院

一、作为人文学科的"新文科"理念

2020 年 11 月 3 日，教育部召开了新文科工作会议，发布《新文科建设宣言》。2021 年 11 月公布了首批新文科研究与改革实践项目。"新文科"成为引领当下高校文科人才培养的重要理念。按照该宣言表述的新文科建设目标，就是加快实现新时代文科教育创新发展。依此目标，新文科建设是一个学生、学术、学科一体化发展的综合创新体系，既要培养堪当民族复兴大任的新时代文科人才，又要构建哲学社会科学中国学派，创造光耀时代、光耀世界的中华文化。总之，新文科建设是一场以创新为唯一途径的质量革命。

由于文科的门类众多，就传统的学科分类而言，包括社会科学和人文学科，就新文科建设而言，不仅要推动文科各专业之间的深度融合，还要推动文科各专业与非文科专业如理工医农的交叉融合。但无论如何，这都是通过拓展知识与学科疆域，借鉴不同学科的理论与方法实现创新的途径，可以归结为"术"的创新。然而，文科特别是人文学科如文史哲之类，知识与方法没有绝对的新旧泾渭，甚至学科差异也不太分明，因为它们都是运用日常语言而不是数字代码的知识体系。所以，我们还需要从"道"的层次去理解创新，也就是理解何为"新"的内涵。所谓"新"，在中国文化中，体现为两种形式，第一种形式是"革新"，即《易经》中所说的"革故鼎新"，相较于学科而言，就是知识、理论、方法的更新以及专业设置和人才类型的更新，这是教学与科研的深入以及学科之间融合、交叉的结果。这样的革新，当然是新文科建设的题中之义。第二种形式是"自新"，即《大学》中所说的"苟日新，日日新"，朱子在《大学章句》中解释为"自新新民"，也就是自我更新改善，然后再去更新改善他人。对于学科而言，就是不断地反思、发掘，就人才培养而言，应该指对人的更新，

* 本文为教育部新文科研究与改革实践项目"中文拔尖人才培养内涵提升探索与实践"成果之一。

即加强学生的修养、智慧、才华、体魄等素质与潜能。就人文学科的学术创新和人才培养而言，第二种形式可能更加重要。因为人文学科是基础性学科而不是应用性学科，是继承性的学科而不是新兴学科。融合与学科交叉只是其可以选择的发展自我的手段而非必由之路，对文化传统的批判、继承、发展、创新才是目标。其知识更新的方式主要是解释性的发明而不是实证性的发现，其人才培养方式，特别是拔尖人才的培养，主要是人格境界和创新能力的提升而不是技能的训练。所以，人文学科的新文科建设可能不会出现"岁岁年年人不同"的成果，而是"年年岁岁花相似"，更多是内涵的更新。如果落实到本科拔尖人才培养内涵的提升方面，除了具有上述自强不息的"自新"精神之外，还要探索提质增效的方法与途径。

二、三大建设任务及其提升途径

就新文科拔尖人才培养的具体过程而言，专业优化、课程提质、模式创新是不可回避的三大建设任务，如何结合人文学科的特点，以拔尖人才为培养目标，提升它们的内涵？三者的自我转换是我们思考的重点。

专业优化可以从拓展打通向资深自得转换。早在20世纪末，教育部就开展了面向新世纪人才培养方案的改革。21世纪以来，以培养通识能力、培养研究能力为目标的专业优化方案不断尝试，但这样的专业优化主要是优化、改革人才培养方案，主要体现为更新、调整课程设置。比如压缩以通史、通论为主的专业必修课教学；拓展研究性课程、经典研讨等课程；打通文史哲的专业界限；设置通识课程板块；在专业课程中增加其他相关专业课程，或者强化某些课程，以期实现学科与专业的融合或交叉，拓宽学生的知识面和学科视野。这种拓展打通式的专业优化方式是外向型、平面式的，因为知识类型的增加并不能完全取代知识的更新与创新，也不能完全满足拔尖人才或者研究创新型人才的培养条件，仍属于综合性人才培养的通用方案。在实际教学中，教学方式往往仍停留在通史、通论式的知识传授，一位老师、一本教材或讲义、一块黑板、一张PPT、一课堂的学生，这样的课程教学很难进入研究性的学习。因此，只是调整、更新课程并不能真正实现专业优化。与上述拓展打通不同的是资深自得的途径，即专业课程内涵的自我发掘，如孟子所言："资之深，则取之左右逢其原，故君子欲其自得之也。"（《孟子·离娄下》）。这就要注重培养拔尖人才自主学习、精深学习的能力，也就是一种"自得"的能力，包括逻辑思维能力、理论批判能力、实践探索能力、修辞创作能力等。这样的专业优化不再追求课程类型和知识领域的更新调整，而是深化专业课程，对人文学科而言，更多的是传统的课程的内涵，包括提高课程的难度，以问题为核心而不是以知识为核心的课程内容，构建理论训练性强或前沿性强的研究性教学体系等。人文学科的学术方法与理论话语大都是软性的、通用的，可以举一反三。专业课程内容的深化，才是专业优化内涵式提升的途径。

课程提质可以从手段提升向内涵提升转换。课程教学的改革，大多是教学方法的改革，比如小班教学、读写议结合、田野调查、慕课、翻转课堂，这些皆可归之为手段的提升。随着网络技术和大数据的支撑，现代教学手段的使用往往成为评价教学改革的指标。但是，上述课程提质的方式，说到底是诉诸耳目的教学手段，而不是开启思想的方法。如何开展小班研讨？研讨什么问题？助教如何训练？如何在现代科技方便我们搜集知识与信息的时代，提高我们的知识质量和问题意识，提升分析、解读与思想能力？这些都属于拔尖人才培养课程提质面临的问题。现代汉语中"教学"一词的内涵被理解为教师教，学生学，这是授予和接受的关系，而人文学科中最为根本也是最为重要的方法教学只有一个，那就是永恒的对话。现代汉语中的"对话"在中国传统教育文化中可以直接翻译为"讲学"。《说文解字》曰："讲，和解也。"段玉裁注曰："不合者调和之、纷纠者解释之是曰讲。"讲学就是不同立场的人之间，围绕问题的对话。只有在对话中，才能真正发现问题，辨析是非，探索新知。因此，课程提质的根本途径不是教学技术的创新，而是回归根本，将教学的形式转换为讲学的形式，让学生的学习过程成为"自得"的过程。

模式创新可以从辅助模式向并行模式转换。模式创新是育人机制的创新。围绕立德树人的根本宗旨，高校在以课程与研究教学为主的育人机制之外，构建了一系列的辅助模式。比如本科生导师制、转专业、跨专业修课、课外研修计划、学术讲座、暑期学校、境内外高校交换计划、国际联培计划、保研制度、直博计划等，取得了很好的育人效果。但是这些辅助模式都是提升智力的培养方式，即以增进专知识学习和提升学位为目标，以考核为拔尖手段的育人模式。因此，如果要实现新文科培养未来中国哲学社会科学家的目标，应该尝试在现代高等教育体制之中构建一种与之并行的育人机制，比如借鉴中华优秀传统教育文化中的书院制度。这个制度在国内和东亚高校的本科通识教育中均有所尝试。书院制的本质是以人格与成长为培养目标的教育模式，也就是"成人"或"完人"教育，在古代就是"君子之学"或"大人之学"。大学实行的书院制，应该是一种不同于现代大学制度的学习与生活模式，它可以为学生提供另一种高等教育的文化空间，至少应该实现以下目标：其一，变革师生关系，营造"以友辅仁""亲师取友"的文化群体，改变"独学无友"的状态。其二，开展修身性的读书活动、讲习活动、联谊活动，改变课堂授受的单一状态。其三，以评价学生的品行与综合创新能力代替专业成绩考核和学位提升的评价标准。其四，可以对网络时代个体学习空间的孤立感，以及对唯成绩、唯学位的功利主义学习观念起到纠正效果。

三、困难与展望

人文学科的新文科建设如果要实现内涵式提升和拔尖人才的培养目标，必然面临极大的困难与挑战。

首先，教学成本大幅提高，包括教学空间、教学时间、教师工作量、教学改革的设计与投入等。其次，新文科拔尖人才培养对所在专业的创新能力和教师的教学科研水平提出了相当高的要求，教师队伍必须实现自我更新，才能"自新新人"，要将培养学生看得比自己的学术研究更为重要，积极地与学生形成师友关系。在具体的教学过程中，既要不断地将科研成果转换为教学内容，又要摆脱过去的教学传统，设计讲学活动，训练学生的探索能力，由教师转变为教练，不仅要成为讲台上的演讲者，还要成为一个微型学术团体和学术活动的设计者与领导者。最后，书院制需要探索新的学习生活模式，如何不流于形式，如何与现代大学的学分制不相冲突、相得益彰，还有很长的路要走。新文科建设中拔尖人才的培养才刚刚起步，处在探索的阶段，如果要达到创新发展的目标，必须依托具有优良学术传统和学风的优势与特色学科，相较于学科与专业之间的融合与交叉，科研创新与教书育人两者之间的深度融合与相辅相成更为重要，这可能还要有待于大学管理体制和评价体制的改革与创新。一所现代大学，不仅要成为知识生产的平台，还要成为民族文化和人类文明传承与发展的基地，后者的成效主要体现为优秀或拔尖人才的培育。

总之，对于文史哲这样的基础性、传承性的"新文科"建设而言，如果要做到《新文科建设宣言》中期望的"守正创新"，培养新型拔尖人才，就应该更多地遵循学科与专业规律，以专业优化、课程提质、模式创新三大具体建设任务为机轴，在教育理念和育人方式上实现转换，通过"自新"之路，走向"自得"的境地。

中国语言文学国际传播与新文科建设

曹顺庆

四川大学文学与新闻学院

新文科建设本身具有国际性。面对世界性人文科学整体式微的趋势，西方国家在20世纪80年代开始了对传统文科升级、重组的理论反思与实践献策。以美国为例，1980年美国斯隆基金会提出"新文科倡议"（New Liberal Arts Initiative）的十年计划，投入资金2000万美元以启动一系列课程和项目，将技术和定量素养纳入古典文科的研究领域。1982年世界顶级刊物《自然》（*Nature*）刊登的《文科的新出路?》（"New ways from the liberal arts?"）一文以芝加哥大学为例直指当下人文学科发展的困境。2017年希拉姆学院领先"新文科"实践，以"文理跨学科""科技技术"为核心目标，全面修订人才培养方案，重组29个专业，此实践因希拉姆学院院长洛里·瓦洛特（Lori Varlotta）发表《为新文科设计模型》（"Designing a Model for the New Liberal Arts"）一文而广为人知。近几年，美、澳及欧洲各国陆续踏上传统文科"人文科技＋"变革之路。

国内"新文科"自2018年提出后俨然成为教学改革研究的方针性概念，教育界已然形成自觉、自发的讨论态势。相关的理论阐发、实践研讨等文章层出叠发，国内学者在"新文科"概念内涵，"新文科视野"下的新型复合式人才培养、专业课程改革、师资建设等诸方面提出了很多建设性的意见。中国语言文学作为传统文科的基础性学科，更加迫切地需要在此新机遇、新形势下进行创新性的革新与发展，把握住、接轨上"新文科"之"新"以寻求变之路。学界同仁在热议"新文科"背景下，中国语言文学学科较多地倾重于倡导文理结合、跨学科、追求世界水平、创新传承中华优秀文化等。这些是必要的，但中国语言文学学科不仅仅要创新传承，不仅仅要文理结合、跨学科，还有一个重要的维度是国际传播。

一、重视"新文科"建设中的"国际视野"

在全球化"科技＋""数字＋"时代变革的影响之下，我国自然科学的"新工科、新医科、新农科"发展明显在全球排名、学术声誉方面有所提升。新文科建设同样不能缺少国际参与，这也是殊异于西方主要强调多学科交叉融合的"New Liberal Arts"

之处。虽然人文科学的国际化无论在开展、实施、获益诸方面都慢于自然学科，但面对世界、面向国际是新文科建设不可回避的前提基础，正如《新文科建设宣言》中提到的，"我们的任务：构建世界水平、中国特色的文科人才培养体系"，"新文科"建设本身也是立足中国文化主体，同时追求着国际性、世界性和全球性的文化共享。这就要求"新文科"建设不仅仅要抓住新工业革命、新数字革命、新智能革命的有效成果，还需要结合跨国、跨文化的发展视野，一方面保持开放性，在多元文明中实现有效互鉴；一方面谨慎审视把握传统文科可转型升级之处，积极主动向国际传播国内的新文科建设成效，向世界展现新文科建设的中国方案。

全球新格局下新文科建设的"国际化"应成为自觉、自发的考量维度。人文科学在一时代必然有一时代的发展诉求及拓展条件，"国际化"并非新文科时代的新提法。中华文化对于世界文化的影响早有踪迹，如高丽王朝沿用宋代词乐《念奴娇》《洛阳春》为宫廷宴乐，日本仿唐设置的"雅乐寮"以及被称为"唐绘"的屏风画，18世纪整个欧洲园林建筑盛行的中国风设计以及对于外销画、玻璃画"中国趣味"的欣赏。甚至可以这样说，新文科时代使文化艺术的交流更容易达成国际化，这是历史给予的珍贵契机。对于一个国家而言，文化形象是精神气质的外在显现，中华文化应有足够的底气与自信在能够跨越时间与空间限制的当下实现国际范围内的传播与世界影响。

二、把握中国语言文学国际传播的"主动权"

中华文化影响世界文明发展史不容怀疑。有史可鉴，中华文化的影响力辐射东亚、盖及欧洲。马可·波罗在《马可·波罗游记》中赞颂中国地大物博，文教昌盛。17世纪延续百年的"礼仪之争"将儒家思想带到西方，笛卡尔、莱布尼兹等大哲学家从中看到了理性主义生活方式，促使了启蒙运动的发展，拉开了西方现代化的序幕。日本文化更是处处含有中国的元素，如对汉字、对唐代几乎所有政治经济法律、文化典章制度的借用，儒学更是成为江户幕府时代直至明治时代的核心价值观。面对当下全球性的人文学科危机，中华文化更应该立足世界，涵养国际视野、主动传播，实现全人类层面上的价值参与。

然而即使是在当下全球化的时代，一方面多元文化实现了共知、共识和共存，但真正意义上的"共容"却远远没有实现。强势文明的价值观如洪水般封住了弱势文明之口，在所谓的地球村中，却存在着"一家姓"的现状，语言、文化的"巴别塔"巍然屹立，文化之"异"产生的理解鸿沟往往成为文化误读、文明互通的主要障因。文化沟通之间的"桥梁"主体从历史上的传教士至当下的汉学家，中华文化的国际传播话语权从来没有掌握在自己手上。缘由何在？在于与中华文化传承紧密相关的中国语言文学学科在历来的学科发展上忽视了"国际传播"这一维度。21世纪以来，这一情况得到改善，中华文化国际影响力受到重视。这从国际重要媒体的评论文章中可以看出，如俄罗斯《独立报》："在中国全球化的同时，世界也在某种程度上'中国化'，这既表现在经济方面，也表现在文化方面。"美国《纽约时报》："中国正在用汉语文化来创建一个更加温暖和更加积极的中国社会形象。"确实如此，萨义德所揭露的西方眼中的那个野蛮、落后的"东方"是由西方人书写出来的，带有偏执的文化优越感与误读。中国语言文学专业应自上而下，由一级学科递及二级学科，全方位强化国际传播的胸怀、实践与方法，主动讲述、主动书写，从而把握中华文化国际传播的主动权！

三、实践中国语言文学国际传播的"全球性"

文明实现共享是人类的终极愿望，在人类命运共同体时代、新文科建设背景之下，中华文化国际传播视野与研究场域更应该实现"全球性"的转向，打破以英美为首奉行的西方中心文明观，终结将西方文化视作世界文化中心的错误认识。人类文明没有中心论，四大文明古国——古苏美尔/古巴比伦（美索不达米亚）、古埃及、古中国、古印度皆是文明独立产生地，有着清晰的文明产生、发展、延续脉络。被公认为西方文化的"两希"源头本身就是向东方文明学习而形成的，古希腊文明是在古埃及与古两河流域两大古原生文明影响下的一个次生文明，古罗马文明更是受古希腊文明影响而生。文明是人类智慧共同构成的，当今的文明，没有哪一个不是在交流互鉴中形成的。为此，应当以史为鉴，破除西方中心文明观，努力建构全球化语境下世界多元文明新格局。

世界多元文明格局给予中国语言文学的启迪不是一改传统的"一国一语种"的中华文化海外传播及研究模式，而是放眼世界、聚焦全球，转而形成"多国多语种"的立体传播网。中华文化展现其世界性价值便需要基础学科尤其是中国语言文学的求学者、研学者、教学者具有"全球性"的国际视野、创新意识，开放性、动态性地了解掌握本专业的国际化知识与文化规则，具备跨文化的沟通能力和同步全球范围相关专业前沿信息的能力。以这样一种国际眼光审视自我，以这样一种国际能力展现自我，站在世界的高度去了解世界文化文明，才能更为客观地发展自我，引领全球知识话语，把握住人类文明发展的趋势，产出让全世界受益的知识成果。

新文科建设变革的绝不是形式而是对人的新思维、新能力和新素养的探索，后疫情时代人类命运显著的同体性要求以人为核心的人文学科站在全人类层面探索人的新出路，这应该成为国内外新文科建设的统一共识。与此同时，建设之"道"与建设之"技"应该平衡发展。国内外的新文科建设在文理融合方面的理论与实践建设都处于如火如荼之势中，大批院校跃跃欲试，但我想提醒的是，国内高校在勇于实践的过程中应该始终融合新文科研究思路之"道"。中国语言文学作为新文科建设的前行专业，不仅需要从基础专业、教材、课程等方面追求新科技的融入，更应将家国情怀、国际视野贯穿人才培育的全过程。正如有学者提道："当下，在'新学科'建设中有一个很不好的倾向，即很多人总是把目光盯在文科如何汲取科学技术的最新手段来丰富教学手段或操作上，而没有看到这是一场培养适应未来社会发展的人才模式的深刻变革。"① 人才培育才是教育之重，解决了新文科人才培养的问题才能更好地使技术效益最大化。中国语言文学的人才培养亟须面向世界、面向未来，传统的知识转型也亟须面向世界、面向未来，打开视野，涵养国际胸怀，基于多学科而超越多学科、传承文化并创新文化，坚守中华文化的定力，坚守文化自信，以中国文化力量期望献策于这一世界性人文危机。

---

① 刘建军（2021）."新文科"还是"新学科"？——兼论新文科视域下的外国文学教学改革. 当代外语研究，3.

新文科理念与卓越人才培养

文贵良

华东师范大学中文系

2020 年 11 月 3 日，教育部新文科建设工作组发布了《新文科建设宣言》，提出了建设新文科的整体规划。我理解的新文科建设的精神，主要在三个方面：新文科的发展原则是守正创新，新文科的发展机制是跨学科建设和国际合作，新文科的发展目标是培养卓越人才。其远景目标是服务国家战略计划。

守正才能创新。守正有两层含义，第一，守正就是尊重传统和现有基础，就国家而言，需要打造有中国特色的新文科；就每个大学的学科而言，需要打造自身学科的新文科模式。第二，守正还要尊重学科的自身特色。尽管我们会觉得各自的学科需要突破，但是在中国现有的制度下，一级学科与一级学科之间、二级学科与二级学科之间还不能打破、重新设置的时候，学科属性的正当性仍然需要遵守。

新文科的发展机制有两翼：一翼是跨学科，另一翼是跨国界。跨学科有三个圈：内圈是二级学科的跨，这种跨可以名之曰融合，像中国现当代文学与比较文学和世界文学两个专业之间，有时没有明显的界限；中圈是文史哲等人文学科之间的跨，这种跨侧重交叉，在知识结构和研究方法上的共享；外圈是文科与理工科之间的跨，这种跨侧重在现代技术工具的借用和前沿科技知识的视野。跨国界包括内外两层：外层是国际合作和交流，主要通过访学、合作开展课题研究、邀请国外知名学者开设课程和讲座等方式，开展学术对话；内层是在课程、学术训练中批判性吸收国际学术观点和选择性采用前沿的研究方法。

新文科的发展目标是培养卓越人才。不同学科对卓越人才的要求可能不同。就中文专业而言，卓越人才必须具备五种特质：第一，浓厚的家国情怀。中文专业培养的是中文人才，学习的中文包括我们的母语、文学和文化。因此基于人文情怀的家国情怀是卓越人才的必备特质，它决定了人才的品性。第二，以系统的专业知识为基础的跨学科知识体系。尽管现在有发达的网络技术，搜索一些常识非常容易，但这只是对于普通人或者业余爱好者更有效。真正的卓越人才首先要掌握扎实而系统的专业知识体系，除此之外，还要就自己将要从事的研究领域准备跨学科的知识，比如，从事比较文学的学者必须掌握除母语之外的 2～3 种相关外语；从事文艺学研究的学者最好掌握相关的哲学知识和历史知识。这种跨学科的知识体系是卓越人才能卓越的基础。第三，基于形象思维、逻辑思维和批判思维的创新思维。形象思维突出想象，逻辑思维突出推理，批判思维突出反思，只有想象、推理和反思三者相结合才有可能催生创新思维。第四，跨学科视野与国际视野相结合的复合视野。这种复合视野，源于广博的阅读、丰富的经历，同时又是创新思维勃发的保证。第五，出色的中文写作能力。中文专业的中文写作表达，表达清楚、明晰，这是最基本的要求，同时要求表达富有逻辑性，还要求表达富有一定的文学色彩，富有一定的陌生性，能绽放母语的灵性。

有人说，中文专业毕业的大学生是万金油，哪个单位都可以去。尽管这话有些夸张，但中文专业的人才参与各行各业的建设也确是事实。这就提醒我们大学中文系培养的人才不是单一型的，卓越人才不只有一个模子。华东师范大学中文系成立于1951年，2021年是我们系成立七十周年。2021年10月17日在我们系成立七十周年的庆祝大会的致辞中，我曾经概括中文系的特色：

> 对一个人来说，行年七十，最好的境界是成就自己的品格；对一个系来说，七十年光阴，最好的状态是形成自己的特色。从一开始，华东师大中文系就是个特别的地方，经过七十年的磨砺与沉淀，她已经形成自身独特的学术传统和文脉传统。学术传统简单地说就是：固本而开放，厚重而灵动。固本，强化中国文化之本；开放，吸纳海外优秀文明；厚重，突出中文经典；灵动，闪耀理想光芒。文脉传统简单地说就是：在包容、多元和开放的氛围中，一方面以真切的现实主义精神，追求进步、关注人生、情怀社会；另一方面以大胆的探索精神，不断开放，敢于先锋，勇于开拓文学的无人区；再一方面，吸收深厚的学养，形成从容、雅致的文学气度。学脉滋养文脉，文脉活跃学脉，两脉相会，互相辉映，光彩熠熠！

根据华东师范大学中文系优秀毕业生的情况，中文学科的卓越人才主要有如下三种类型：第一类是卓越中学语文教师，即学者型教师。学者型教师具有较为深厚的人文基础，以丰富的学识修养塑造独特的气质；同时以教学技能辅助，二者相得益彰。第二类是卓越学术人才，即著名学者类型。著名学者指在各自的领域内能引领学术走向的人才。第三类是卓越文化人才，包括知名的作家、出版家和媒体人等。华东师范大学的作家群特别有名，尤其是格非、李洱分别获得第九届、第十届茅盾文学奖，更是享誉国内外。

2021年，华东师范大学校长钱旭红院士领衔的《基于新文科建设的文史哲人才培养体系的重构和路径探索》，获教育部首批新文科研究与改革实践项目立项。我们中文系是参与建设单位之一。钱旭红院士治校特别重视卓越人才的培养。他往往从李约瑟之问和钱学森之问出发，探索培养卓越人才的理念与途径。因此，他特别重视思维的变革。在他的倡导下，华东师范大学建立了十门人类思维导论的课程。中文系独立建设的是"人类思维导论：中国文学"，面对非中文专业的全校本科生开设。我自己也是这门课程的三位主讲教师之一。这种课程，确实能带来头脑风暴。比如我主讲的内容之一是郭沫若的《天狗》。凡是批评《女神》的人，几乎没有不批评《天狗》的。《天狗》遭遇的诟病最多。为什么呢？因为《天狗》跳出了中国传统诗学传统，如果用传统的诗学标准来看待《天狗》，几乎一无是处。同时《天狗》也跳出了五四时期文学上一般的现代想象。因为《天狗》将科学思维与艺术思维结合起来。《天狗》中没有一个词语是表示情感的，《天狗》中的"我"是一个能量主体，不是人格主体或者情感主体。《天狗》所写的是"我"这个能量主体吸收物质、摄取能量的过程。这个能量主体是超越国界和民族界限的。我们找不到《天狗》的时空立足点。一般说来，一首诗，总能找到某个作为立足点的空间和某个用来抒情的时间点，但《天狗》全部没有。能量问题和时空问题不仅在 20 世纪 20 年代是人类科学的前沿问题，至今仍然是前沿问题。课堂上理工科的同学们讨论很热烈，可见激发了他们的思维与想象。为了落实改革项目，2021 年 9 月 25 日，华东师范大学中文系和国际汉语文学学院联合主办了"新文科视野下中国语言文学学科建设高峰论坛"，全国三十多位著名专家学者莅临现场，共商新文科建设的大计，提出了许多建设性方略。

华东师范大学中文系牵头，依托华东师范大学中文、历史、哲学三系，邀请中西部数所高校加盟，成立了"文史哲虚拟教研室"，并已经获得校级立项。这个虚拟教研室，以建成全国范围内有较大影响力的跨学科、跨区域的虚拟教研室为目标。我自己是这个虚拟教研室的负责人，教研室基本结构如下：邀请包括但不限于北京大学、北京师范大学、南京大学和复旦大学等高校一流专家学者组成咨询委员会，以华东师大教务处的副处长以及中文系、历史系和哲学系这三个系的系主任和分管教学的副系主任组成筹备小组，以华东师大和合作高校的专任教师组成教学团队。

新文科的跨学科，上文提到有三个圈。就内圈而言，从课程建设角度看，本科阶段已有一系列课程开始在跨，研究生阶段也有中文学术前沿、文学研究方法论、学术论文规范与写作等一级学科学位基础课程，力争实现中文学科内部的融合。就中圈而言，如本科阶段大类平台课程等。但整体而言，课程上的跨学科很有值得深入的必要。因此，文史哲虚拟教研室的目的，旨在实现文史哲内部的深度融合，同时也尽可能纳入理工科的方法论。文史哲虚拟教研室的核心内容之一就是开展课程建设。现阶段规划建设四门课程。第一门是"《论语》思想与中国社会"，课程主题为经典重读，由历史系的黄爱梅教授负责；第二门是"中国文化的现代转型"，课程主题是观念反思，由中文系的文贵良教授负责；第三门是"新技术的人文思考"，课程主题属于前沿探究，由哲学系的刘梁剑教授负责；第四门是"文史哲融合与新文科"，课程主题属于方法训练，由中文系的汤拥华教授负责。根据课程建设目标，拟组织文史哲专业骨干教师建立以本校教师为主、外校教师为辅的四个课程小组，由开课院系担任课程负责主体，由课程负责人建设教师队伍，教师集体制定课程教学目标，并编写课程大纲。这是初步设想，这一工作正在推进中。

新文科建设已经启动，围绕着培养卓越人才这个大学教育的恒定目标，相信中文学科将开辟出新的天地，走出一条独特的路径！

"新文科"与中文学科人才培养

杜泽逊

山东大学儒学高等研究院

四川大学文学与新闻学院李怡院长约我写一篇关于"新文科"中文学科建设的笔谈。我对"新文科"缺乏深入系统的思考，只能谈点工作体会，向李院长交差，供同行们参考。

"新文科"建设是国家为培养适应新时代拔尖人才而采取的重要措施。教育部新文科建设工作组组长、山东大学校长樊丽明教授指出："中国建设'新文科'的核心要义是要立足新时代，回应新需求，促进文科融合化、时代化、中国化和国际化，引领人文社科发展。"（2021 年 4 月 9 日 "新文科建设高峰论坛"主旨发言《新文科建设进入新阶段》）可见核心任务是培养"引领人文社科发展"的人才，对于中文学科来说，"新文科"的任务就是培养引领中文学科发展的一流人才。

什么是引领中文学科发展的一流人才呢？学习中国古文字的人都喜欢说"甲骨四堂"——罗雪堂、王观堂、郭鼎堂、董彦堂，还有于省吾、唐兰、陈梦家、容庚、商承祚这些先生，近时则李学勤、裘锡圭先生，都是公认的一流人才。今天看到《出土文献》微刊转发《出土文献》2021 年第 2 期发表的裘锡圭先生《在〈李学勤文集〉发布会上的发言》，一再强调"李先生在学术研究上所起的引领和推动作用"，认为李先生"能够发人所未发，解人所不解，对有关学术研究起明显的引领和推动作用，影响深远"，举出了在战国文字研究中，李先生提出了"五式（系）说"，"对战国文字的研究起了极为重要的引领和推动作用"。这种引领作用的具体表现，裘先生也举出了若干例。对甲骨文研究，裘先生也举出李学勤先生提出"历组卜辞"的有关论断"是完全正确的"，认为"李先生的这些研究是殷墟卜辞断代研究中一次里程碑性质的巨大的跃进"。鉴于李学勤先生、裘锡圭先生是我们熟知的前辈，不至于被认为是"时代性"不强的人物，那么，我们有理由认为在中文学科、历史学科"古文字学与出土文献"领域，他们就是一流人才的代表或范例。

中文学科包括的二级学科有中国古代文学、中国现当代文学、文艺学、汉语言文字学、语言学及应用语言学、中国古典文献学、中国少数民族语言文字、比较文学与世界文学，共 8 个，还有自设的民间文学等。每个二级学科以及二级学科之下的研究方向（"古文字学与出土文献"在中文学科就是"汉语言文字学"或"中国古典文献学"之下的研究方向），都有"标杆人物"，也就是一流人才。有了这样一些榜样，我们才能对"一流人才"产生可触摸、可接近、可学习的感觉。苏舜钦说："天为移文象，人思奉典型。"无论我们"新文科"怎么新，在古文字学与出土文献方面能达到李学勤、裘锡圭先生的水平，应该都是我们后辈的理想吧。

为了培养古文字学人才，教育部设立了"强基班（古文字学）"，山东大学是第一批被批准办"强基班（古文字学）"的大学之一，已招收了两届学生。根据教育部的设计，"强基班"是本、硕、博连读，从大学一年级开始，八年才可以毕业。还要求推行"导师制"。一年招十个左右学生，八个年级招满了，就有八十个左右学生，我们的培养显然是要"芝麻开花节节高"，开设的课程要显示出二年级比一年级高，五年级比四年级高，八年级比七年级高，既然是"导师制"，那么门下弟子就有可能八个年级都有。除了"强基班"，我们的老师还要随着正常的研究生招生，年复一年地招收硕士生、博士生。那么到底需要一个多大规模的"强基班"导师队伍呢？众所周知，"强基班（古文字学）"是针对"冷门绝学"的，既然是"冷门绝学"，现有的古文字学老师大都很少，两三个人是常态，于是存在一个"引进人才"问题。人才到哪里找呢？复旦大学、清华大学、吉林大学、中山大学等几所古文字见长的大学。

恰恰是古文字学人才培养难度大、产量低，假如我们在古文字人才培养上"大干快上"，那么后果是可想而知的。因此，"强基班（古文字学）"将面临教师匮乏的窘境。假如一年级二年级三年级四年级都是那三两个老师，那和贫困山区的小学一个老师同时教几个年级的境况有什么不同呢？这个话我在多个场合说过，近日与清华大学李守奎先生通电话，又重复这个话，守奎先生听了就笑了。我们不能自欺欺人，如何才能培养出一流人才，我们作为从业人员还是有点数的。我们不断听到"学科交叉融合""国际化""信息化"，不管你是什么化，总要临写甲骨片子、铜器铭文。你是学习古汉语的，文章一篇篇发，书一本本出，我古书看不明白，遇到拦路虎，字典查了，网也上了，还是解决不了，向你请教，你也解决不了，那要你这个专家干什么呢？

2012年山东大学成立"尼山学堂"国学拔尖人才班，初步设计本科大二、大三、大四共三个年级的课程，原典导读课有《周易》（4学分）、《尚书》（4学分）、《诗经》（4学分）、《左传》（4学分）、《周礼》（2学分）、《仪礼》（2学分）、《礼记》（4学分）、《四书》（4学分）、《史记》（4学分）、《汉书》（2学分）、《通鉴》（4学分）、《史通》（2学分）、《老子》《庄子》（共2学分）、《荀子》（2学分）、《墨子》（2学分）、《昭明文选》（4学分）、《文心雕龙》（2学分）、《世说新语》（2学分）、佛教要籍（2学分）、《四库提要》（4学分）、《楚辞》（2学分）、李杜诗（2学分）、韩柳文（2学分）等，还有必修通论课：文字学（4学分）、音韵学（4学分）、训诂学（4学分）、中国经学史（2学分）、中国文学简史（2学分）、中国史学简史（2学分）、中国哲学简史（2学分）等。当时聘请的授课教师49人，都是某一方面的专家，遍布山东大学文、史、哲、儒学各院，还有校外专家如王锷教授讲《周礼》、晁岳佩教授讲《左传》，等等。

十年下来，尼山学堂毕业生已显示出可喜的势头，受到各大院校的好评。那么，尼山学堂国学班本科三个年级都要几十人的教师队伍，可见"强基班（古文字学）"要想真正达到培养"引领学术"的一流人才的目标，对于教师队伍是一个什么需求。我给李守奎先生说："八个年级怎么着也要十几个古文字老师吧。"有偏甲骨文的、金文的、战国文字的、《说文解字》的、隶书的。汉以后文字衍变极其复杂，它出现在古书中，你是避不开的，也要去研究、去释读。汉字之源、汉字之用，都要用功，才可以培养出不同类型的人才，从而解决不同的问题。

我们经常听到"立足新时代，回应新需求"这样的话，对每个领域来说，这个"新需求"是各式各样的。以前楚文字材料不太多，这些年却大量出土，这就是"新需求"。如果在人才培养上有"先手棋"，就可以适应需求。没有人才储备，就比较被动。对优秀传统文化的传承创新，是国家战略，也是提高文化自信的重要手段。读不懂古书，看不懂古汉字，不能领会优秀传统文化的精髓，如何去传承，又如何去创新呢？所以，对古文字学与出土文献的强基班来说，"新文科"对它的要求首先是配好教师队伍，打好基础，同时用好各种数字资源、海外资源，用现代化的手段作为检索、分析的辅助，来提升学术水平，达到培养"引领学术"的一流人才的目标。

我所在的中文学科的二级学科是中国古典文献学，对培养创新人才来说，也同样首先强调基础。中国古典文献学有个骨干分支"版本学"，其任务是"古籍版本鉴定"。与鉴定其他文物一样，需要多看古代的版本，才可以掌握鉴定方法。不过，一个传统上常用的方法"比对书影"，在数字化、信息化的今天，得到长足发展，对版本鉴定来说，无异于插上了翅膀。2007年沈津先生邀我去哈佛参加费正清中心访问学者何朝晖先生主持的中国书籍史方面的会议，普林斯顿大学艾思仁先生展示了宋代眉山程舍人宅刻印的《东都事略》三个书影PPT，一个是我国台湾图书馆藏本，一个是日本静嘉堂藏本，一个是日本宫内厅书陵部藏本，中国大陆已没有这个宋版了。三个都是宋刻本，都有牌记："眉山程舍人宅刊行，已申上司，不许覆版。"但经过比对书影，确定不是一版印刷，而是三版。当然究竟哪个是真正的程舍人宅刻本，哪个是翻刻（盗版），已不易分别。这使我感到数字化、国际化对版本鉴定十分重要。

我们当然欢迎任何新材料、新方法、新手段，但根本的基础方法还是最重要的。没有基础培养，东西摆在面前，也看不出任何结果。业内叫"看本子"，这个"看"的功夫，无法超越。北大漆永祥教授在访问韩国期间刻苦治学，研究《燕行录》，写出了大部头专著《燕行录千种提要》，这当然需要"国际化""数字化"，但他自己在给我的信中说："没有理论，没有方法，死读书，豁死命，是最笨的。"（2022年3月26日漆永祥《致杜泽逊》）我是三复其言，感慨不已。

"强基班"，一个是"强"字，一个是"基"字，已道尽了"新文科"的内涵。张之洞总结治传统学问的路径说："由小学入经学者，其经学可信。由经学入史学者，其史学可信。由经学、史学入理学者，其理学可信。以经学、史学兼词章者，其词章有用。以经学、史学兼经济者，其经济成就远大。"（《书目答问》）在今天，张之洞说的这些领域已隶属于不同学科，那么"学科交叉"也就是必需的了。我们必须踏踏实实读原典，抓住根本，同时实事求是地进行学科交叉融合，利用国际化、信息化资源和手段，切实提升学术水平。只有这样才能真正培养出一流人才。

中文学科的若干领域我缺乏体会，反倒对中国史有较多的认识，对"儒学"也接触不少。所以对文、史、哲学科交叉，我感到是自古已然，今天更应继承弘扬这一学科交叉的传统。

关于"新文科"旗帜下的中文学科建设和人才培养，我就谈这些体会，不当不周之处还请读者批评。

新文科建设与中国语言文学学科人才培养

李 扬

南开大学

2020 年 11 月 3 日，教育部主办的新文科建设工作会议在山东威海召开，大会发布了《新文科建设宣言》，对新文科建设工作进行了部署。"新文科"是教育部在新的历史形势下对中国高等教育提出的新要求，之所以要建设"新文科"，意味着传统文科已经不能适应新时代的要求，需要探索新的发展路径。找出问题所在，这是解决问题的关键。我认为还是要从话语转型、学科打通、技术融合、管理创新等几个方面下功夫，为中华民族的复兴培养人才、积蓄力量。

近百年来，中国人文社会科学领域的话语方式发生了重大变化。实事求是地讲，西方思想资源、价值理念、研究范式，确实对现代中国产生了重要影响，是推动中国现代化进程的不可或缺的力量。但如果完全舍弃固有的中国优秀文化资源，走向"以西方之是非为是非"的另一个极端，其不良后果甚于闭关锁国。国家在"四新"建设过程中，不断强调要做"从 0 到 1"的工作，致力于培养未来的领军人才，这也就意味着无论是工科也好，医科、农科也罢，我们具有原始创新意义的成果确实很少。文科也是如此。近几十年来，西方话语主导了中国人文社会科学研究，国内学者只是亦步亦趋，根本无法产生具有原始创新意义的成果。其实，在人文社科领域，我们的先辈创造了具有原始创新意义的一系列中华优秀经典，无论如何，我们不应该漠视这笔丰厚的文化遗产。正是在这一背景下，《新文科建设宣言》提出了"弘扬中国精神、凝聚中国力量、践行中国道路"的号召，这是时代发展对中国文科高等教育提出的新要求。

当然，我们说用中国话语、讲好中国故事、彰显中国精神、弘扬中国价值，并不是要重新回到过去，而是要立足于中华优秀文化传统资源，与西方文化对话，通过不同文明间的交流、融合，达成中华文化的创造性发展。这才是真正意义上的文化自信。叶嘉莹先生的诗词研究之所以在国内外受到重视，就在于她融国学根底、西学修养、生命体验为一体，中西文化互鉴，形成了独特的叶氏解诗学范式，为中华文化的海外传播做出了重大贡献。罗宗强先生的中国文学思想史研究，独辟蹊径，在国内外产生广泛影响，其原因也在于先生能够在传统学术研究方式基础上，不囿于一端，打通文、史、哲的学科界线，以士人心态为中介，综合考察政局、社会思潮、文学创作、文学理论批评等各种影响文学发展的要素，开创了一个崭新的学术领域和研究范式。他们的一个共同特点就是绝不盲从于一端，而是多方借鉴，形成自己独有的话语方式。在新文科建设过程中，我们确实需要重新审视人文学科的话语方式，在中西文明的对话与互鉴中，走出一条创新之路。

近几十年来，不断有人提出我们为什么培养不出"国学大师"的问题，很多人把这一问题的出现归因于制度或环境，这一结论貌似很有道理，有些人深以为然。然而，实事求是地说，"制度"与"环境"虽然与人才培养密切相关，但它只是诱因，更重要的是，从事人文社会科学研究的人在根本上对自己从事的事业缺乏敬畏之心。既难以抵抗环境的压力，又无法拒绝金钱的诱惑；同时，各学科间壁垒森严，即便是同一学科内部，也是条块切割、泾渭分明，绝不越界。问题的关键是，很多人觉得就应该如此，心安理得。教育者主体处于这种状况，什么样的环境才能培养出王国维、陈寅恪、钱锺书式的国学大师？因此，一味强调客观原因，不反省学者的主观态度，无益于问题的根本解决。我们注意到，新文科强调"打通"，强调不同学科间的交叉、融合，或许在一定程度上能够缓解这一问题。这里的所谓"打通"，既是文学、历史、哲学、心理学、社会学等一级学科间的打通，同时也是各一级学科内部诸二级学科间的打通。唯有如此，教师、学生才会在专业基础、理论水平、学术视野诸方面有大幅度提高，具备成为大师的潜质。

我们正处在新一轮技术革命的关节点上。如何更有效地利用科技优势，完成文科各专业的改造升级，是新文科建设面临的紧要课题。以语言学为例，如何在巩固传统语言学研究的基础上，努力将现代科技手段融入语言学教学、研究当中，开展实验语言学研究，从而形成新的语言学教学方法和学术研究的新的增长点，是需要我们不断探索的问题。目前，有些学校已经在这方面布局，将"实验语音学""语音计算分析与研究""Praat 脚本编写与应用""语言、文学数据库的开发与应用"等课程纳入本科课程体系。南开大学曾晓渝教授带领的团队相继开发了"南开语言地图""中华民族语言词汇""李方桂古音构拟""中国汉语方言及少数民族语言语音地图"等数据库，在这些数据库的建设过程中，学生均能够深度参与，既开阔了学生的学术视野，又强化了学生的动手能力，育人效率大大提高。同时，这些数据库的建成，也使运用大数据计算方法探索语音声学表现的大数据特点、规律以及微观表现，运用语言与地理信息交互方法，探索语音的地理分布、变化、变异成为可能，为南开师生的语言学学习、研究提供了巨大的便利条件。我们注意到，2021 年教育部启动了文科重点实验室建设工作，很多高校已经将文科实验室建设列入 2022 年的年度目标。我们相信，现代科学技术与人文社会科学研究的深度融合，必将对新文科建设起到重要推动作用。

毋庸讳言，新文科建设在为人文社会科学发展提供助力的同时，也必然面临一些新问题、新挑战，如何有效地应对这些问题与挑战，是我们必须解决的问题。从宏观层面来讲，近年来，教育部启动的全国性工程就有"新文科""基础学科拔尖学生培养计划2.0""强基计划""一流本科专业建设""国家级一流本科课程"等多个，如何使这些各有内涵的工程形成一股合力，是考验管理者智慧的一件事。此外，人文社会科学与新技术的融合，不能仅仅停留在口头上，后续的配套措施一定要跟上，特别是研究经费问题，如果还是用以往的文科经费额度来建设新文科，肯定会遇到诸多困难。因此，要使新文科建设达到理想的效果，一定需要大额经费配套支持，否则难免流于形式。

教育是百年大计，教育领域的任何改革，都要在尊重教育基本规律的前提下进行。只有坚持守正创新，从一点一滴做起，让学生忙起来、教师强起来、管理严起来、效果实起来，才能真正实现强基固本。任何理念的创新，都需要具体而又扎实的工作来推进，否则，所谓创新也只是表面文章。近年来，南开大学文学院进行了"以课堂引导、写作训练、实验教学、项目培育为中心，提高本科生培养质量，助力中国语言文学一流学科建设本科课程改革"，在每门本科大类基础课、专业必修课程教学过程当中，以夯实专业基础、拓展学术视野、提高论文写作能力为中心，指导学生分阶段完成三篇1000字以上的与所讲授课程密切相关的小论文，论文可以是文献综述、读书报告，也可以是对某一学术问题的研讨。主要是通过这项训练，深化学生对文献的理解能力，拓展其学术视野，养成批判性思维习惯，提高其在组织材料、理论分析、语言表达等方面的综合能力。改革过程虽然既有压力，又有阻力，但最终受益的是学生。我想，喊口号肯定建不成新文科，它需要教育从业者在尊重教育基本规律的前提下，埋头苦干，一步一个脚印地做起来，唯有如此，才能培养出兼具人文精神与科学素养，能够服务于国家战略需求的新时代人文社会科学家，为实现中华民族的伟大复兴贡献力量。

数字人文与中文"新文科"探索实践

谷鹏飞

西北大学文学院

自现代学科建制以来,文学、艺术、史学、哲学等人文学科与自然科学之间划界森严,分途发展。然而近年来随着"数字人文"(DH)时代的到来,各学科突破原有分科壁垒而走向融合渐成潮流。"数字人文"作为兼具"技术性"与"人文性"特性的知识理念与实践方法,最大特色在于可以解决不同学科间的交叉融合问题,为中文等传统人文学科在"新文科"背景下的创新发展提供有效路径。

一、数字人文与中文"新文科"建设目标

如果以"数字人文"为突破口开展中文"新文科"建设,那么需要利用"数字人文"的技术与观念,适应信息化条件下知识获取与教授方式、基础研究与实践应用等关系的革命性变化,打破文学与艺术、史学、哲学等人文学科之间严格的界限,深化以"语言"要素为核心的人文学科与信息技术科学的深度融合,打造以文学、史学、哲学、艺术等人文学科为主干内容的共享性人才培养模式与创新实验平台,发挥数字"语言"开发在中文创意写作人才培养、传统文学资源保护与利用等方面的优势,培养适应数字人文时代复合型与专业型兼长的创新人才。

二、数字人文与中文"新文科"建设思路

以"数字人文"为核心的中文"新文科"建设,需要遵循一个基本思路:"搭建一个平台、促进三个融通、把准四个方向。"

首先,搭建一个平台。即由中文学科牵头,发挥中文学科突出的"语言"优势,充分挖掘计算机信息科学、史学、哲学、艺术、图书馆学、新闻传播学等不同学科所共享的"语言"要素,以"语言"要素为节点,创建"数字人文与文化创新人才培养"平台,探索文理交叉融合的拔尖创新人才培养模式。

其次,促进三个融通。"数字人文与文化创新人才培养"平台,通过让学生参与交叉融合课程与相关项目研究的方式,实现"三个融通":文、史、哲、艺等人文学

科内部不同"语言"要素的语际融通，人文学科与自然科学中自然与人工"语言"符号的跨学科融通，知识教育与实践应用中"语言"的功能性训练与反思性习得的融通。

最后，把准四个方向。即以数字人文的"语言"要素为核心，牢牢把握数字人文语境下中文知识增长与实践应用的四大可能方向：一是在文学创作方面，把握好数字人文创意写作人才培养方向；二是在文学批评方面，把握好数字人文文学批评人才培养方向；三是在资源整理方面，把握好数字人文保护与研究人才培养方向；四是在资源开发方面，把握好数字人文产品创新人才培养方向。

三、数字人文与中文"新文科"的初步实践

近几年来，我们积极响应国家"新文科"建设号召，并结合自身的学科优势与专业特色，初步探索了西部地区综合性地方大学中文"新文科"建设的可行路径。

（一）基于"人—机"共创的数字文学高端创意写作人才培养

以数字人文为背景的创意写作最重要的表征就是挑战文学创作的无限可能。由于数字文学本质上是一种"后人类"（metahuman）文学，亦即"人—机"文学，是文学与 AI 技术的深度结合，因而数字文学创作便成了传统纸媒文学创作之外的一种全新"创—作"方式。基于这一认识，我们初步尝试从以下几个方面开展创意写作人才培养：第一，要求学生熟悉 INFORM、TADS、TWine 等智能在线创作平台程序；第二，指导学生深入阅读那些利用上述平台创作的"交互小说"（interactive fiction）《嘉拉迪雅》（*Galatea*）、数字新媒体小说《暴徒警察来访》（*A Visit from the Goon Squad*）、"动画诗"（Flash poetry）、《达科他》（*Dakota*）等经典作品，把握这些数字文学的基本的语言要素与情节结构；第三，借用"洞穴工程"（CAVE Project）、《屏幕》（*Screen*）、微软多媒体 Abode 格式等，开展数字文学创作实践；第四，指导学生认真阅读传统经典文学，分析以小说与诗歌为核心的传统文学中的基本审美特性、主导性语言要素、修辞方式及主要情节结构，厘清数字文学创作对传统文学创作的重大革新问题，总结数字文学的创作模式。

（二）基于陕西古籍文献整理的数字人文研究人才培养

陕西是古籍文献大省，陕西的古籍文献是中国传统文化的重要组成部分，其中包含了大量文、史、哲、艺等以"语言"要素为载体的学科文献。如何在数字人文语境下利用数字人文技术保护好、开发好这些古籍文献，是我们在开展中文"新文科"建设时关注的又一重点。目前，我们利用数字人文技术，初步完成了陕西省"十二五""十三五"规划重大项目"陕西古代文献集成"的整理工作。作为陕西有史以来规模

最大、范围最广、投资最多的一项古籍整理项目，该项目对未曾整理出版的历代秦地文人学者著作和其他文人学者有关秦地的代表性著作进行集中数字化整理，建立了陕西地方文献集成数据库。在此基础上，我们利用数字人文技术，特别是本体或关系型数字人文表格技术重组并揭示这些古典文献的关联性内容，并通过配合 GIS 技术、文本挖掘技术、可视化技术等，发现古典文献中的规律性"语言"现象，创新文献研究的内容、方法和模式，实现古籍文献资源的可持续保护与研究利用。

（三）基于西部区域文化资源开发利用的文创产品开发人才培养

西部有着得天独厚的历史资源、自然资源和人文资源，自古至今是滋养文学发展的沃土。在中文"新文科"建设与文化产业融合背景下，我们尝试借助数字人文创意写作基本理念，将西部文学分为作为艺术的文学和作为商品的文学，让文学与经济学、艺术设计、传播和营销学等学科融合，培养能够进行文学"精品生产"与"文学产业化"创作及开发的复合型人才。具体实践方案是，其一，梳理西部文化资源，精研西部文学生产和产业开发中的局限和问题，摸清"家底"；其二，探究西部文学的产业开发模式，探索创意→创作→出版→营销→传播（包括外译）的综合创作运营模式、文学→影视→游戏→衍生文化品的立体产业开发模式；其三，以文学的显性经济形态为抓手，打造文学作品→IP 开发→文化景观形塑→经济收益的复合盈利模式，加大西部文化资源利用与再开发，创作了一些类似于"唐妞"系列的文创产品，引导文学市场消费，实现学科效益向社会效益的转化。

（四）基于数字"语言"的当代数字文学批评人才培养

文学的"数字人文"批评是文学与统计学、计算科学等的深度融合，是新文科建设的重要维度，也是创新现有文学批评方式的重要举措。目前，我们依托本学科"文学批评劲旅"特色优势，尝试从三个方面做好数字人文批评人才培养：首先，建设传统文学批评数据库，厘清传统文学批评的 8 种主要模式。其次，运用现有的文字云（Word Clouds）、型符比（Type－Token Ratio，TTR）、谷歌图书语言分析器（Google Books Ngram Viewer）、文本关系分析器（Correlator）等方法，借助超级语言程序 ELIZA、TAPoR List Words 等计算工具，对传统文学作品开展数字人文批评。再次，检视业已完成的数字人文批评成果，梳理较为成熟的研究思路和意图，形构专业性的计算工具与批评方法。最后，以当代文学的数字人文批评为契机，探索数字人文批评的新路径，创新传统文学批评。

以文字云批评方法为例。文字云是一种将文字文本视像化的文本分析方法。文字云的视像化是指通过数字程序分析器来突显文本特殊属性的文本呈现方式。作为一种批评方法，其基本分析逻辑是：（1）遵循自然科学原子性原则对文学文本要素作出细致解析。（2）根据人文科学解释学原则对文学要素进行意义合成。依此逻辑，文字云批评显现出文本分析的直观性识别标志：文字的视觉化显现形状与大小，与文本的语言、修辞、句法、形式或结构等文本突出特征成正比。

运用文字云的视像化方法进行文本批评，需要我们运用文字云程序分析器，对文学文本进行回归分析。比如我们登录文字云分析主页（http://www. wordle. net/create），将《傲慢与偏见》数字文本置于文本分析框，就会获得一幅可视化的文本图像。图像表明，不同语词图像的大小与颜色的深浅，与该词在文本中出现的频次成正比。这种由语词到图像的拟像转化，一个重要的作用，在于提醒我们注意文本中真正的叙事主线与作品主题。比如小说中 Mr 与 Elizabeth 在文字云中的巨大视像显现，提醒我们思考 19 世纪早期英国社会的性别政治问题，那就是：何以小说中男主人公多用"Mr"尊称，而女主人公则用名字"Elizabeth"直称？再比如，"sister""family"等体现家庭关系的语词在文字云中突兀显现，而体现爱情的"love"语词，则隐而不显，这也启发我们思考：在一本已被公认为描写婚姻关系的小说中，很可能是家庭问题，而非爱情问题，才是小说的主题。上述文字云的形象化提醒，并非一定能抓住文本的要害，但可以帮助我们从新的角度，提出新的文学问题，实现原文本的"陌生化"与新文本的再创造，而这也正是文字云批评的一个重要目的。这样，为形式主义批评所突出强调的文学文本创作的"陌生化"，通过文字云批评，就被延拓为文本创作、再创作与文本批评的多重陌生化。从而并非作家，而是作家、读者、批评家与文本分析器一起，合力完成了文学文本的陌生化与再创造。

新文科中文建设笔谈[*]

王启涛

西南民族大学文学院

中国是一个幅员辽阔、人口众多的多民族国家，国家的统一，民族的团结，离不开国家通用语言文字的确立、推广与普及。数千年来，中华民族多元一体格局的形成发展，中华民族共同体从自在走向自觉，都离不开国家通用语言文字所发挥的重要作用。在中国历史发展进程中，我国各民族语言文字是各地区、各民族人民长期交往交流交融的结果，各民族语言文字的相互影响、相互借鉴是通用语言文字形成的重要条件。汉语言文字成为历代中央政权的主要交流语言和文字，这是我国各族人民共同的历史选择。

什么是"国家通用语言文字"？2000 年 10 月 31 日，第九届全国人民代表大会常务委员会第十八次会议修订通过并于 2001 年 1 月 1 日起施行《中华人民共和国国家通用语言文字法》，该法是为推动国家通用语言文字的规范化、标准化及其健康发展，使国家通用语言文字在社会生活中更好地发挥作用、促进各民族、各地区经济文化交流、根据宪法而制定的法律。此法确立了普通话和规范汉字的"国家通用语言文字"的法定地位。此法总则第四条明确规定："公民有学习和使用国家通用语言文字的权利。国家为公民学习和使用国家通用语言文字提供条件。地方各级人民政府及其有关部门应当采取措施，推广普通话和推行规范汉字。"

一、通用语言文字是国家统一、民族团结的象征

《中华人民共和国国家通用语言文字法》第五条规定："国家通用语言文字的使用应当有利于维护国家主权和民族尊严，有利于国家统一和民族团结。"这是对国家通用语言文字重大意义和作用的高度概括，更是对中华民族数千年来使用和推广通用语言文字成功经验的科学总结。

在先秦时期，就有著名的"书同文，行同伦"，指中央王朝对语言文字的规范与

---

    * 2021 年教育部"新文科研究与改革实践"项目"国家通用语言文字推广背景下，民族高校中国语言文学新文科跨学科课程与实验班建设实践"成果之一。

统一，它体现的是中央王朝伦理、礼乐与教化在圣王治理下的统一与秩序，体现了各民族的交流与交融，团结与进步，考《礼记·中庸》："子曰：'非天子不议礼，不制度，不考文。今天下车同轨，书同文，行同伦。虽有其位，苟无其德，不敢作礼乐焉。虽有其德，苟无其位，亦不敢作礼乐焉。'"郑玄注："此天下所共行，天子乃能一之也。礼，谓人所服行也。度，国家宫室及车舆也。文，书名也。今，孔子谓其时。言作礼乐者，必圣人在天子之位。"孔颖达正义："'非天子不议礼'者，此论礼由天子所行，既非天子，不得论议礼之是非。'不制度'，谓不敢制造法度，及国家宫室大小高下及车舆也。'不考文'，亦不得考成文章书籍之名也。'今天下车同轨'者，今谓孔子时车同轨，覆上'不制度'，'书同文'，覆上'不考文'。'行同伦'，伦，道也，言人所行之行，皆同道理，覆上'不议礼'。当孔子时，礼坏乐崩，家殊国异，而云此者，欲明己虽有德，身无其位，不敢造作礼乐，故极行而虚己，先说以自谦也。"朱熹集注："此以下，子思之言。礼，亲疏贵贱相接之体也。度，品制，文，书名。'今'，子思自谓当时也。轨，辙迹之度。伦，次序之体。三者皆同，言天下一统也。"

《礼记·中庸》所言"今天下"，无疑是指周王朝，周王朝在孔子心目中具有崇高的地位，《论语·八佾》："子曰：'周监于二代，郁郁乎文哉！吾从周。'何晏注：孔曰：'监，视也。言周文章备于二代，当从之。'"周王朝怎么"书同文"呢，那就是向王朝疆域推广通用语言文字，《周礼·春官·外史》有载："掌达书名于四方。"汉郑玄注："古曰名，今曰字。使四方知书之文字，得能读之。"清孙诒让正义："审声正读则谓之名，察形究义则谓之文，形声孳乳则谓之字，通言之则三者一也。《中庸》云'书同文'，《管子·君臣篇》云'书同名'，《史记·秦始皇本纪》'琅琊台刻石'云'书同文字'，则'名'即文字，古今异称之证也。……云'使四方知书之文字，得能读之'者，谓以书名之形声，达之四方，使通其音义，即后世字书之权舆也。"可见早在周王朝，就有专人负责推广雅言，统一文字的形音义。至迟从周代开始，天子在制定国家的礼乐大典时，就包含了以考文为内容的语文规范制度。只有贤德明君才有资格和能力制礼作乐，划一制度，规范语言文字。西周是宗法社会，学在官府，以礼乐为核心，对语言文字的要求是定名分，别贵贱，由国家统一名号，禁止乱名改作。但是已经把通用语言文字的确立、规范与推广提升到与礼乐、制度、人伦以及行为规范同等重要的高度，且由周天子亲自主持此项工作，这说明在周王朝，通用语言文字的确立与规范，推广与普及，已经成为一项治国理政的重要工程。

二、通用语言文字以政治、经济、文化中心的语音、词汇和语法为基础，具有深厚的历史文化底蕴，具有数量众多的使用人口

通用语言文字往往以一国的政治、经济、文化中心的语音、词汇和语法为基础，

同时吸收了一些古今方俗元素，它来自方言而超越方言，它具有绝对的行政权威。

通用语言文字往往以历史悠久的国家政治中心的语言文字为基础，南北朝时期的学者颜之推在《颜氏家训·音辞》里提及当时的通用语言文字标准是："共以帝王都邑，参校方俗，考核古今，为之折衷，榷而量之，独金陵与洛下耳。"

清代康熙皇帝命令刊刻的《甘珠尔》和《丹珠尔》，称为北京版《大藏经》，与永乐版的对勘，两部《甘珠尔》的经函数、页码、字行、错字、缺衍等有95％以上相同，故其蓝本应该是永乐版。康熙二十三年（1684）八月二十三，康熙皇帝亲自撰写完成《御制番藏经序》："番藏旧文，爰加镌刻。绿缥装就，八解高超；黄锦开时，七花远迈。诚以导嫔晖于紫幄，分璇彩于黄图。助启芳诠，广崇大藏。颂两宫之景福，延万姓之鸿庥。式弁简端，用资褒赞云尔。"（《御制番藏经序》，北京版《甘珠尔》木刻版，第107函）康熙撰写的《御制番藏经序》，同样是用汉语写成的。

清雍正四年（1726），韵书《音韵阐微》问世，它记载的音韵系统合于清代北京官话的标准音，跟现代汉语接近。清政府要求举人、生员、贡监、童生不谙官话不准送试，书面语和文读均依标准音。至迟从雍正时起，广东、福建两省所属府州县应诏，举办通用语言文字培训班"正音书院"，乾隆二十八年（1763）在台湾设立明志书院时，还延请一名官音教员为塾师，一直到清末，福建邵武到浙西江山一带还通行当时普及推广的官话，并存有教材。道光十六年（1836）沙彝尊撰《正音咀华》，咸丰十年（1860）有《正音切韵指掌》，同治九年（1870）潘逢禧《正音通俗表》，均以中州音为基础，参考《中原音韵》《音韵阐微》等韵书音系。在福建厦门，有同治年间蔡伯龙《官音增补集注》、张锡捷《官音便览》，光绪末年（1907）刊印的《京腔官话践约传》、宣统三年（1911）刊行的《京腔官话正续散语集》等，它们都是清政府设立"正音书院"、提倡学习官话的结果。今存吴炳兰手抄本《集注官音套话》中，保存了清初传习官音的内容和教法，其要目有"论官话气概""论官话先要正口音""论官话能通行""学官话定式"和"见面常谈"的套话79节。清代的语音规范工作，有标准有措施，把学习官话当成科场取士、执政为民的必备条件，政府官员率先垂范，一般号召和重点推行结合起来，自上而下，由官至民，使通用语言文字得到广泛的传播。

晚清时，日人伊泽修二曾经向京师大学堂总教习吴汝纶（1840－1903）说道："欲养成国民爱国心，必须有以统一之，统一维何？语言是也。……察贵国今日之时势，统一语言尤为急急者。"吴汝纶曾经打算用王照制定的《官话合声字母》做统一国语的工具。王照主张："语言必归画一，宜取京话……京话推广最便，故曰官话。余谓官者公也，官话者公用之话，自宜择其占幅员人数多者。"（《〈官话合声字母〉凡例》）吴汝纶一直主张要以北京语音为标准实现国语统一。他在给张百熙的信中说："此音尽是京城声口，尤可使天下语音一律。"（吴汝纶《东游丛录》）1906年，朱文熊提出"普通话"这个名词，他的解释是"各省通行之话"（《江苏新字母》，日本出版），并且对"普通话"作出界定。1920 年 12 月，中华民国教育部发布训令："查读音统一会审定字典，本以普通音为根据。普通音即旧日所谓官音，此种官音，即数百年来全国共同遵用之读书正音，亦即官话所用之音，实具有该案所称通行全国之资格，取作标准，允为合宜。"1934 年，黎锦熙《国语运动史纲》认为大众语为"一国全民族大多数的人同时彼此都能听得懂、说得出的普通话"。中华人民共和国成立后，1955 年召开的全国文字改革会议提出文字改革的三大任务，即简化汉字、推广普通话、推行汉语拼音方案，同年召开的"现代汉语规范问题学术会议"在汉语语言学史上第一次全面而系统地论述了与汉语规范化有关的一系列基本理论问题，明确了汉语规范化的标准是"以北京语音为标准音，以北方话为基础方言，以典范的现代白话文著作为语法规范的普通话"。"普通话"作为一个概念，被赋予了新的意义，获得了汉民族共同的标准语的地位。1958 年，《汉语拼音方案》正式发表，1982 年，"推广全国通用的普通话"列入了《中华人民共和国宪法》，国际标准化组织文献工作技术委员会也通过决议，规定把《汉语拼音方案》作为文献工作中拼写有关中国的专门名称和语词的国际标准。

三、通用语言文字是经过不断地规范化、标准化发展而来的

通用语言文字在古代统称为"雅言"，"雅"有"规范的""标准的""正确的"意思，代表官方，是中央王朝的权威象征。所以，自古及今，通用语言文字都在不断地规范化、标准化，处于"雅正""正统""正确""正中"的地位。《毛诗大序》："故诗有六义焉：一曰风，二曰赋，三曰比，四曰兴，五曰雅，六曰颂。"宋郑樵《〈通志〉总序》："风土之音曰'风'，朝廷之音曰'雅'，宗庙之音曰'颂'。"①《毛诗大序》："言天下之事，形四方之风，谓之雅。雅者，正也。"《诗·小雅·鼓钟》："以雅以南，以钥不僭。"郑玄笺："雅，万舞也。万也、南也、钥也，三舞不僭，言进退之旅也。周乐尚武，故谓万舞为雅。雅，正也。"《荀子·儒效》："道过三代谓之荡，法二后谓之不雅。"杨倞注："雅，正也。其治法不论当时之事，而广说远古，则为不正也。"检《淮南子·本经》："昔者仓颉作书，而天雨粟，鬼夜哭。"其实，仓颉不过是将众多汉字创造者的成果进行整齐划一，《荀子·解蔽》："好书者众矣，而仓颉独传者，一也。"这里的"一"，就是"整齐划一"，这些都说明：通用语言文字之所以通用，从一开始就在不断地规范化和标准化，是对原有语言文字进行提升的结果。

中国历史上不断涌现私撰和官修的字典辞书、韵书等，其编写意图只有一个：使通用语言文字更加规范化、标准化，形成于上古的《尔雅》，其字面意义是"接近雅

---

① 鲁迅《汉文学史纲要》："风、雅、颂以性质言：风者，闾巷之情诗；雅者，朝廷之乐歌；颂者，宗庙之乐歌也。是为《诗》之三经。"

正", 它的编纂就是要给儒家经典的解释和语言文字的推广提供一个雅正的释义工具书, 后来又有《小尔雅》《广雅》《埤雅》《通雅》《比雅》《叠雅》《别雅》《尔雅翼》等薪火相传, 构思于南北朝的《切韵》, 其字面意思就是"切正之韵"①, 他要给当时通用语言文字的推广和文人创作提供一个标准的、正确的规范。后来又有《广韵》《集韵》等踵武增华。②

四、通用语言文字通过字典辞书进行全民普及

字典辞书对通用语言文字具有标准化、规范化性质, 更具有大众普及性质, 在标准化与规范化过程中, 权威专家根据文字本身的规律进行定夺, 它凝聚了前贤与时彦的智慧与心血, 它涉及人类社会与自然的方方面面, 因此不仅是全民使用和推广通用语言文字的教科书, 而且是知识普及与推广的一部百科全书。考汉许慎《说文解字·叙》言: "今叙篆文, 合以古籀, 博采通人, 至于小大, 信而有证, 稽撰其说, 将以理群类, 解谬误, 晓学者, 达神旨。"中国早期编纂的词典《尔雅》的任务之一就是以"雅言"为标准读经、解经, 释古今之异言、通方俗之殊语。《汉书》卷三〇《艺文志》: "古文读应《尔雅》, 故通古今语可知也。"汉刘熙《释名·释典艺》: "《尔雅》, 尔, 昵也, 昵, 近也, 雅, 义也, 义, 正也。五方之言不同, 皆以近正为主也。"今人黄侃指出: "《尔雅》之作, 本为齐一殊言, 归于统绪。""一可知《尔雅》为诸夏之公言, 二可知《尔雅》皆经典之常语, 三可知《尔雅》为训诂之正义。"

在汉代, 推广通用语言文字的识字课本与字典辞书蔚为大观。汉初合秦《仓颉》《爰历》《博学》三篇, 为《仓颉篇》55 章, 共 3300 字; 汉武帝时, 司马相如作《凡将篇》, 仿照《仓颉》, 多所载述, 务合时要, 共 34 章 2040 字; 元帝时, 黄门令史游作《急就篇》; 成帝时将作大匠李长作《元尚篇》, 取《仓颉》中的小篆正体字; 元始中, 扬雄总汇当时小学家之说, 续《仓颉》, 作《训纂篇》, 共 89 章 5340 字; 东汉初, 班固增加为 102 章, 6120 字, 包罗当时的通用汉字和通用词汇, 这种教材用规范的小篆书写, 编成韵文, 具有百科全书性质, 便于记诵, 且有一定的故事情节, 具有百科知识普及、语言文字读写、道德水平提升三大功能, 其后的《千字文》也不例外。

---

① 请比较《文心雕龙·声律》: "凡切韵之动, 势若转圆。讹音之作, 甚于枘方。"有关这一方面的详细考证, 参见拙著《魏晋南北朝语言学史论考》, 成都: 巴蜀书社, 2001 年。

② 《中华人民共和国语言文字法》第六条明确规定: "国家颁布国家通用语言文字的规范和标准, 管理国家通用语言文字的社会应用, 支持国家通用语言文字的教学和科学研究, 促进国家通用语言文字的规范、丰富和发展。"这是对历史上通用语言文字不断标准化和规范化的继承。

五、通用语言文字通过学校学习传统经典文化而获得

自古及今，学校始终是普及与推广通用语言文字的重要阵地。《礼记·学记》："建国君民，教学为先。"在周代，学校对通用语言文字的教育贯穿始终。《周礼·地官·司徒》："以乡三物教万民而宾兴之，一曰六德，知仁圣义忠和；二曰六行，孝友睦婣任恤；三曰六艺，礼乐射御书数。"伟大的教育家孔子是鲁国人，但他授课的语言却是"雅言"，也就是当时的通用语言，《论语·述而》："子所雅言，《诗》《书》执《礼》，皆雅言也。"孔安国解释道："雅言，正言也。"郑玄曰："读先王典法，必正言其音，然后义全，故不可有所讳。礼不诵，故言执。"邢昺疏："此章记孔子正言其音，无所讳避之事。雅，正也。子所正言者，《诗》《书》《礼》也。此三者，先王典法，临文教学，读之必正言其音，然后义全，故不可有所讳。礼不背文诵，但记其揖让周旋，执而行之，故言执也。举此三者，则六艺可知。"

唐代是中国文化发展的又一个高峰，关于唐代的儒学教育以及语言文字教育，《唐令拾遗补》第三部《唐日两令对照一览·学令第十一》载开元二十五年令："凡治《孝经》《论语》，共限一岁。《尚书》《公羊传》《穀梁传》各一岁半。《易》《诗》《周礼》《仪礼》各二岁，《礼记》《左传》各三岁。学书，日纸一幅，间习时务策，读《国语》《说文》《字林》《三苍》《尔雅》。"

宋代的文教事业极为发达，宋灌圃耐得翁《都城纪胜·三教外地》："都城内外，自有文武两学，宗学、京学、县学之外，其余乡校、家塾、舍馆、书会，每一里巷须一二所。弦诵之声，往往相闻。"宋王谠《唐语林·补遗一》："学旧六馆：有国子馆、太学馆、四门馆、书馆、律馆、算馆，国子监都领之。"

清代在中国传统文化的传承和通用语言文字的推广上着力亦多，1903 年，清政府制定《学堂章程》亦规定："各国语言，全国皆归一致……中国民间各操土音，致一省之人彼此不能通语，办事多扞格。兹以官音统一天下之语音，故自师范以及高等小学堂，均于国文一科内，附入官话一门。"

中华人民共和国成立以后，各级各类学校对国家通用语言文字的推广与普及不遗余力，《中华人民共和国通用语言文字法》第十条明确规定："学校及其他教育机构以普通话和规范汉字为基本的教育教学用语用字。法律另有规定的除外。学校及其他教育机构通过汉语文课程教授普通话和规范汉字。使用的汉语文教材，应当符合国家通用语言文字的规范和标准。"

从古到今，国家通用语言文字字典辞书的编纂和使用，学校往往是发动者、实施者和推动者，字典辞书作为学校教材，对孩童的通用语言文字能力培养起到了至关重要的作用，《仓颉》《爰历》《博学》也不例外。汉代规定学童必须能够背诵讲解书写八种字体九千字方能为吏，隋唐兴科举，专设明经、明字科，制作字样，奖励书法，

学童从启蒙教育开始就学习定本经书，义理诠释依据《五经正义》，苦练楷体书法，通过铨选考试合格，充任各级官员，口说通用语言，笔用通用文字。

字典辞书的编纂，往往是与传统经典的阅读相联系。因为历朝历代优秀的文化典籍，始终是记载通用语言文字的渊薮。隋唐科举制度建立后，各种科目实行全国统考，需要统一的教学用书，而统一的教学用书，又需要统一通用的文字和文本，因而要求语言文字的规范化和标准化。唐太宗即位后，敕秘书少监颜师古考定五经文字，撰成《五经定本》，诸经文字完全统一，不再有因文字不同解释各异的弊病，后来又诏国子祭酒孔颖达与诸儒撰定《五经义疏》，凡一百七十卷，称为《五经正义》，这样一来，从文字到解释，就有了官修的标准教学用书，凡士人应举考试，必须诵习定本儒经，义理诠释依据《正义》。科举考试从制度上保证并促进了通用语言文字的规范，学童从启蒙教育开始，就学习经书，诵读经文，练习楷书。敦煌文献 S.388《正名要录》："右依颜监《字样》，甄录要用者，考定折衷，刊削纰缪。颜监《字样》先有六百字，至于随漏续出不附录者，其数亦多。今又巨细参详，取时用合宜者。至如字虽是正，多正多废不行，又体殊浅俗于义无依者，并从删剪，不复编题。其字一依《说文》及《石经》《字林》等书，或杂两体者，咸注云正，兼云二同，或出《字诂》今文，并《字林》隐表，其余字书，堪采择者，咸注通用。其有字书不载，久共传行者，乃云相承共享。"通用文字既尊重古典，又不回避通行，这是非常好的规范标准。唐代学者颜元孙在《干禄字书·自序》里亦指出："所谓俗者，例皆浅近，唯籍账、文案、券契、药方，非涉雅言，用亦无爽。倘能改革，善不可加；所谓通者，相承久远，可以施表奏、笺启、尺牍、判状，固免诋诃；所谓正者，并有凭据，可以施著述、文章、对策、碑碣，将为允当。"又言："若总据《说文》，便下笔多碍；当去泰去甚，使轻重合宜。"

在推广通用语言文字的过程中，除了学校教育外，成人培训也是极为重要的一环，早在周代，这项工作就开始了，《周礼·秋官·大行人》："七岁属象胥，谕言语，协辞命，九岁属瞽史，谕书名，听声音。"孙诒让正义："此谓行人召侯国之象胥、瞽史来至王国，则于王宫内为次舍，聚而教习言语、辞命、书名、声音之等也。""属"是聚集的意思，"象胥"是语言之官，即翻译官，瞽是乐师，史即大史、小史，掌管文字、文献资料、记言、记行的官员，以上一段话实际上讲的是周代通用语言文字的使用与推广的培训工作。当时主要采取集中与分散两种方式培训，在周天子巡守天下后第七年，派遣行人聘问侯国，召集侯国的翻译官，来到京师，集中在王宫内由周太师、太史教习通用语言文字，协调辞命，统一名号，第九年，又派遣行人聘问侯国，并召集侯国的瞽人（乐师）和史官来到京师，集中在王宫内由周太师、太史教习通用语言文字，审听语音，统一形体。这是集中培训的方式，经过此番集中培训后，各国象胥、瞽史后到本土，再教授本国专职人员，将规范的通用的语言文字推广到社会基层。此外，在天子巡守之年或间岁聘问之时，周太师、太史之属还随行到侯国教习通用语言，是正文字，然后由侯国有司自上而下逐级推行，这种上下贯通、利用行政推行通用语言文字的措施，取得了良好的效果。

康熙二十年（1683）郑氏投降，清政府平定台湾，清朝统一台湾后，台湾各种教育机构、学校类型、教学内容、教学方法都与大陆基本一致。学校的类型很多，包括府县儒学（官办，预备科举）、书院（私立，科举预备）、义学（官办或民办，免费，设于府县街村）、社学、民学（民间私塾）等。尤其值得一提的是为少数民族而设的汉语汉字教育。

中华人民共和国成立后，政府非常重视对国家通用语言文字的各级各类培训，《中华人民共和国通用语言文字法》第十九条亦规定："凡以普通话作为工作语言的岗位，其工作人员应当具备说普通话的能力。以普通话作为工作语言的播音员、节目主持人和影视话剧演员、教师、国家机关工作人员的普通话水平，应当分别达到国家规定的等级标准；对尚未达到国家规定的普通话等级标准的，分别情况进行培训。"

六、国家通用语言文字推广背景下，民族高校中国语言文学新文科跨学科课程与实验班建设实践新探

（一）汉语汉字是民族高校中国语言文学新文科跨学科课程与实验班的通用语言文字，是第一位、最权威的教学语言文字

我们必须坚持国家通用语言文字进教材、进课堂、进试卷、进论文，要从铸牢中华民族共同体意识的高度，将国家通用语言文字的推广和普及作为一项重要的教学战略任务。

（二）双语和双文：国家通用语言文字与民族语言文字都是中华优秀文化的重要组成部分

一方面，我们要在民族院校和少数民族生活和工作的地区推广和普及国家通用语言文字（普通话和规范汉字），使其成为第一语言文字和权威语言文字；另一方面，我们必须珍视民族语言和民族文字，它们也是中华优秀传统文化的有机组成部分，是各兄弟民族的民族情怀的载体和纽带。

一些民族语言如藏语、羌语、彝语等本来就是汉语的亲属语言，而契丹文、西夏文等民族文字与汉字的关系非常密切。一些民族文字源远流长，比如藏文，与另一历史悠久的文字——梵文的关系就很密切，语言文字史就是一部文化史，各民族语言文字是非物质文化遗产的重要内容，所以，珍视、保护、整理、研究和传承这些民族语言文字，就同保护汉语汉字一样，是保护和抢救中华民族文化的重要一环。2021年10月24日，中共中央政治局常委、全国政协主席汪洋同志视察西南民族大学，其间

专门到本项目负责人课堂听课，当天授课题目是《铸牢中华民族共同体意识与国家通用语言文字推广与普及专题》，汪洋同志听课后，发表讲话指出："这堂课讲得很好，国家通用语言文字非常重要，民族语言文字也非常重要。"这对我们办好民族高校中国语言文学新文科跨学科课程与实验班具有重要的指导意义。

从人类语言史和文字史的角度看，可能在很长一段时期内，我们的民族高校和民族地区都将保留双语与双文教育制度，也就是在推广与普及国家通用语言文字的前提下，继续在一定范围和场合内使用民族语言文字。这一方面是从中华优秀传统文化的保护、整理、研究、传承的角度考虑，特别是一些少数民族的语言文字已经是濒危语言文字，再不抢救可能永远消失；另一方面，也是让各兄弟民族的民族情怀得到尊重，充分体现中华民族多元一体的大格局。

参考文献

何九盈（2006）. 中国古代语言学史（新增订本）. 北京：北京大学出版社.

何九盈（2000）. 中国现代语言学史. 广州：广东教育出版社.

黄侃（2013）. 黄侃论学杂著. 武汉：武汉大学出版社.

李建国（2000）. 汉语规范史略. 北京：语文出版社.

王启涛（2001）. 魏晋南北朝语言学史论考. 成都：巴蜀书社.

许长安（2001）. 台湾语文政策概述. 北京：商务印书馆.

徐时仪（2007）. 汉语白话发展史. 北京：北京大学出版社.

仁井田陞，池田温（1997）. 唐令拾遗补. 东京：东京大学出版会.

中华优秀传统文化培根铸魂的实践创新

方　忠

盐城师范学院

汉语言文学专业承担着培养中华文化的传承者、中国声音的传播者、中国故事的讲述者的重要使命。在新文科建设的背景下，如何更好地扛起这一使命，在人才培养过程中充分运用中华优秀传统文化培根铸魂，培养新时代汉语言文学专业高素质的专门人才，是本专业必须要解决的时代之问。

汉语言文学专业根植于中华优秀文化，具有文化铸魂育人的天然优势。但在汉语言文学专业以往的办学实践中，在运用中华优秀传统文化培根铸魂方面，存在着一些突出的问题。一是对中华优秀传统文化进行创造性诠释和阐发不够，赋予时代内涵、培育社会主义核心价值观不到位，影响了其铸魂育人的生命力、凝聚力、引领力的充分发挥。二是中华优秀传统文化课程体系不健全。生动有效的中华优秀传统文化育人元素挖掘不够，课程设置缺乏整体规划，不能形成系统健全的课程体系，这是中华优秀传统文化教育一体化、分学段有序推进的一个瓶颈问题。三是中华优秀传统文化育人修身践行不到位。存在着重知识传授、轻修身践行的现象，缺乏身教与境教、读万卷书与行万里路的有机融合，中华优秀传统文化中的思想理念、价值标准、审美风范等不能转化为正确的实践行动，知行合一不到位。四是中华优秀传统文化的传播形式不丰富。传统文化传播泛娱乐化、浅显化倾向明显，形式陈旧，缺乏科学包装、系统提升、整体打造、现代美化，不利于中华优秀传统文化的跨时空传播，不利于讲好中国故事、传播中国声音。

党的十八大以来，习近平总书记高度重视"坚定文化自信，建设社会主义文化强国"。他指出，在5000多年文明发展中孕育的中华优秀传统文化，积淀着中华民族最深层的精神追求，是中国特色社会主义文化自信的重要源头。作为世界上历史最悠久的文明古国之一，中国创造了无比灿烂辉煌的民族文化。面对极为浩瀚的中华优秀传统文化，我们需要根据新时代的新特点、新要求对其进行创造性转化、创新性发展。2017年10月习近平总书记在十九大报告中明确提出："培育和践行社会主义核心价值观，不断增强意识形态领域主导权和话语权，推动中华优秀传统文化创造性转化、创新性发展，继承革命文化，发展社会主义先进文化。"2018年3月习近平在第十三届全国人民代表大会第一次会议上的讲话中又提出要求："我们要以更大的力度、更实的措施加快建设社会主义文化强国，培育和践行社会主义核心价值观，推动中华优秀传统文化创造性转化、创新性发展，让中华文明的影响力、凝聚力、感召力更加充分地展示出来。"2018 年 12 月习近平在庆祝改革开放 40 周年大会上的讲话中进一步强调："我们要加强文化领域制度建设，举旗帜、聚民心、育新人、兴文化、展形象，积极培育和践行社会主义核心价值观，推动中华优秀传统文化创造性转化、创新性发展，传承革命文化、发展先进文化，努力创造光耀时代、光耀世界的中华文化。"2021 年 11 月党的十九届六中全会通过的《中共中央关于党的百年奋斗重大成就和历史经验的决议》明确指出："中华优秀传统文化是中华民族的突出优势，是我们在世界文化激荡中站稳脚跟的根基，必须结合新的时代条件传承和弘扬好。我们实施中华优秀传统文化传承发展工程，推动中华优秀传统文化创造性转化、创新性发展……"

由此可以看出，"推动中华优秀传统文化创造性转化、创新性发展"是习近平新时代中国特色社会主义思想关于文化建设的重要内容，内涵丰富、意蕴深邃、意义重大，为新时代汉语言文学专业传承和发展中华优秀传统文化指明了方向。推动中华优秀传统文化创造性转化、创新性发展，不仅反映了中华文化自身优化发展的迫切需要，更反映了在实现中华民族伟大复兴的新征程中中华优秀传统文化的价值和作用。植根于中华优秀传统文化的汉语言文学专业理应充分运用中华优秀传统文化培根铸魂，为推动中华优秀传统文化创造性转化、创新性发展做出应有的贡献。

聚焦运用中华优秀传统文化培根铸魂，为党和国家培养中华文化的传承者、中国声音的传播者、中国故事的讲述者的重要使命，汉语言文学专业需要从培养模式到课程建构，从课堂讲授到课外实践，从人才培养到社会服务，从保护传承到传播推广等诸多层面开展研究和实践，为新时代新文科人才培养提供解决策略，探索出新文科建设背景下汉语言文学专业高素质人才培养，中华优秀传统文化创造性转化、创新性发展的有效路径。

一、实施创生工程，创造性诠释与阐发中华优秀传统文化

以习近平新时代中国特色社会主义思想为指导，继承和弘扬中华优秀传统文化，赋予新时代内涵，解决当代重大现实问题，建构有中国底蕴、中国特色的思想体系和话语体系，培养知中国、爱中国、担当民族复兴大任的新时代文科人才。中华民族在漫长的历史发展中形成了自己特有的民族气节、民族品格和民族精神。如"苟利国家生死以，岂因祸福避趋之"的爱国主义精神；"路漫漫其修远兮，吾将上下而求索"的积极进取精神；"先天下之忧而忧，后天下之乐而乐"的忧国忧民情怀；"天下兴亡，匹夫有责"的社会历史责任感；"人生自古谁无死，留取丹心照汗青""富贵不能淫、贫贱不能移，威武不能屈"的浩然正气；"粉身碎骨浑不怕，要留清白在人间""宁为玉碎，不为瓦全"的气节操守等。这些优秀文化世代相传，形成了中华民族的

风骨与品格，铸就了中华民族活的灵魂。要将中华优秀传统文化与革命文化和社会主义先进文化有机融合，通过对中华优秀传统文化的创造性诠释与阐发，充分发挥其培根铸魂的育人作用。

二、实施研发工程，创造性构建中华优秀传统文化课程体系

遵循教育规律，由低到高，构建本科一体化分学段中华优秀传统文化课程体系。勘探、采掘、冶炼、加工中华优秀传统文化中的育人元素，按照启蒙教育、认同教育、理性教育、创新教育的进阶式培养目标，基于成果导向科学设计课程体系，全面架构中华优秀传统文化的教育话语体系，为实现中华优秀传统文化入脑入心、全面树立文化自觉和文化自信提供不竭动力。具体来说，要着力构建汉语言文学专业的文化铸魂育人系列特色课程。一是设置涵养类课程，夯实学生中华优秀传统文化基础，引导学生笃学修身。二是设置践行类课程，使学生在实践中体悟中华优秀传统文化的丰富内涵和核心要义，引导学生笃行修身。三是设置融创类课程，使学生具有初步的转化创生中华优秀传统文化的能力，引导学生笃创修身。对应三模块课程实施"三维思政"：课程融入思政、实践拓展思政、双创强化思政，推动中华优秀传统文化铸魂育人落地生根。

三、实施养成工程，创造性构建中华优秀传统文化实践转化模式

把中华优秀传统文化融入汉语言文学专业学生学习生活的各方面，使学生养成践行、传承、弘扬中华优秀传统文化的理论与行动自觉。围绕"孝、诚、爱、仁"等主题，开展社会实践活动，养成践行中华优秀传统文化的自觉；围绕曲艺、节庆、民俗等非物质文化遗产，开展社会实践活动，养成传承中华优秀传统文化的自觉；围绕中华诗词、文献典籍、文化古迹等文化资源，开展社会实践活动，养成弘扬中华优秀传统文化的自觉。贯通课内与课外、现实与虚拟，设计"特色课程、实践活动、修身行动、项目探究"四路径，将中华优秀传统文化铸魂融入汉语言文学专业育人全过程，使学生能立体化、全方位地汲取文化滋养，促进其核心素养与核心能力相融共生，保障学生在专业学习基础上，实现从涵养到体验，再到内化，最终走向文化创新传承的成长蜕变。

四、实施传播工程，创造性开发中华优秀传统文化传播形式

结合互联网思维，融通多媒体资源，创新中华优秀传统文化的传播形式。利用虚

拟仿真技术，依托微博、微信等新媒体平台，开发学生易于接受的文化产品，增强文化传播的覆盖面和影响力，让中华优秀传统文化从线下走向线上、从理论走向实际。综合运用大众传播、群体传播、人际传播等方式，探索中华优秀传统文化传播与交流新模式，构建全方位、多层次的中华优秀传统文化传播格局，使学生在学习讲好中国故事、传播好中国声音、阐释好中国特色、展示好中国形象的过程中，更好地体会、领悟、传承中华优秀传统文化的精髓，从而在创新传播形式中有效发挥好中华优秀传统文化培根铸魂的作用。

习近平总书记强调："努力用中华民族创造的一切精神财富来以文化人、以文育人。"根植于中华优秀文化沃土的汉语言文学专业应自觉地传承、践行、弘扬中华优秀传统文化，发挥好中华优秀传统文化的培根铸魂作用，为党育人、为国育才，培养精通中华母语及母语文学的专业者，理解并认同中华优秀传统文化的践行者，传播和发展中华优秀传统文化的传承者，为中华民族伟大复兴做出本专业应有的贡献。

数智时代、新文科与人才培养的新模式

刘　敏

四川师范大学

一、数智时代的文化调适

2014 年，一部以"大历史"视野纵论人类前世今生的"新锐历史学"著作——《人类简史：从动物到上帝》，在汉语世界掀起了一阵热潮。更令人诧异的是，这种"热"并不限于汉语世界，该书 2012 年以希伯来文出版后，在不到两年时间内便被翻译成 30 种文字在全球传播。一部学术著作引起如此大的反响实属罕见，那么这到底是一部怎样的著作呢？在该书中，作者将人类的进化分为三个阶段：认知革命、农业革命与科学革命，并一一论述了人类在每一阶段的文化创造，以及对地球和人类自身的深远影响。尤其值得注意的是，作者在"智人末日"一章中提出，人类在已经走过的漫长历史中，均受制于被称之为"自然选择"的生物因素。但在 21 世纪曙光乍现之时，这种约束了人类进程的自然法则，却即将被"智慧设计法则"取而代之。[①] 这一看似大胆的论断，却反映出人类发展到今天正在面临的一个革命性的变化。或许正是对历史少有的宏观视野，才使该书引起全球读者的广泛关注：它不仅书写着"人的历史"，也书写着"人的当下"，同时还预言了"人的未来"。无论承认与否，由科学催生的人工智能已将人类裹挟到"数智时代"的洪流中，人类又该如何应对？

"数智时代"的到来，要求作为个体之"人"，必须在日常生活中作出改变，开启一场前所未有的"文化调适"。在人类学意义上，调适是"有机体对现存环境达到有益调整的自然的过程"，文化调适则是借助文化的手段支配自然。[②] 这种"文化"的手段，必然区别于传统。在此需要追问的是，作为引领文化创造的大学，如何应对"数智时代"的急剧变革？如何通过"人的培养"促使人类社会完成新一轮的"文化调适"？又如何在调适中继续扮演作为"社会良心"的角色？这些问题，既是当下提出新文科的前提，同时也是回答新文科之"新"的关键。

---

① 参见尤瓦尔·赫拉利（2014）. 人类简史：从动物到上帝. 林俊宏，译. 北京：中信出版社.

② 参见威廉·W. 哈维兰（2006）. 文化人类学（第十版）. 瞿铁鹏，张钰，译. 上海：上海社会科学院出版社.

新文科"新"的落脚点在于培养"新"人才，为实现这一目标，便要求在人才培养目标、培养模式、培养方案等方面作出一系列改革。关于"新"的内涵及何为新人才，目前学界已有诸多讨论，但笔者以为"新"人才应该是具有全人类情怀、多学科视野，能够应对数智时代的各种挑战，自然完成新一轮的文化调适的人才。既然如此，我们在追求"新"的同时，又如何认识新文科的属性呢？

二、新文科的三种属性

"新文科"肇始于高等教育的改革，最终要应对的却是"数智时代"对"人"所提出的新要求。正因为此，大力推进"新文科"并非"自下而上"的民间运动，而是一场"自上而下"的国家行为，教育部多次发文阐释新文科的内涵，学界也广泛参与，2020年11月3日，全国有关高校和专家还共同发布了《新文科建设宣言》，从"共识、遵循、任务"三个方面对"新文科"作了较为全面的阐释。这些高屋建瓴之言，为新文科建设提供了行动的指南，对推动文科教育改革具有引领作用。但在追求新文科之"新"的同时，新文科的属性也需认真思考。

（一）新文科的人文属性

"文科"特性的彰显在于"文"。中国是一个具有悠久之"文"的国家。《说文解字》释"文"为"错画也"，段玉裁注曰："黄帝之史仓颉，见鸟兽蹄远之迹，知分理之可相别异也。初造书契，依类象形，故谓之文。"刘勰《文心雕龙·原道》："文之为德也，大矣；与天地并生者。"这些表述中的"文"乃"天文"与"人文"之通称，它几乎涵括了人类的一切文化活动，从这个意义上言，"文"远远超越了"科学"等现代词汇的所指。但历史发展使"文"逐渐去"天文"之维度而仅存"人文"之意义，甚至在科学话语兴起并独霸世界的20世纪，"文"的内涵进一步弱化，文科也在与理科、工科的对比中成了"末日贵族"。21世纪，人类面临由科学催生的"数智时代"，似乎更彰显出科学的价值，但也正是在此过程中，文科的人文性成为防止人异化为科学怪物最重要的工具。从这个意义上说，数智时代为文科的发展提供了前所未有的契机，"新文科"不是为了将"文科"纳入以自然科学为主导的科学轨道，而是在理性认识世界之发展趋势的基础上，进一步彰显文科的"人文性"。所以，新文科之改革的目标并非放弃文科的传统，而是要在开放基础上，创造性地坚守文科的人文性。

（二）新文科的国家属性

俗话说"科学无国界"，但以人文性为主要特征的文科，虽然在应对诸多全人类共同问题时，其学科的关怀具有超国家性质，但作为一种以人与社会、人与自我关系的探索为重点的科学，却又有着明显的国家性。事实上，国家属性是我们这个时代政治生活中最具普遍意义的合法性价值，以"新文科"的倡导为例，它固然是社会发展到数智时代的结果，但国家力量却是将其上升为全民意识的关键。新文科之国家属性，在《新文科建设宣言》中有着充分的体现，如在"新时代新使命要求文科教育必须加快创新发展"中论及我们的时代为何需要新文科时，提到的"提升综合国力需要新文科""坚定文化自信需要新文科""建设高等教育强国需要新文科"，均表明新文科的国家属性。而在"我们的遵循：坚持走中国特色的文科教育发展之路"和"我们的任务：构建世界水平、中国特色的文科人才培养体系"中，均将"中国特色"定位为关键词，同样呈现出新文科的国家属性。总而言之，教育的目标在于培养人，新文科教育改革回应的最终问题是培养什么样的人，对生活在以"民族－国家"为主要特征的时代中的人来讲，一方面要应对科学带来的新变，另一方面则要在"国家视域"中完成文化调适，所以，中国的新文科改革之路，必然要回应怎样做一个数智时代的中国人的问题。

（三）新文科的地域属性

文化并非空泛的概念，它存在于人们日常生活的方方面面，汉语世界中以"文化"为基本词汇的词组可谓洋洋大观，如雅文化、俗文化，上层文化、下层文化，国家文化、民族文化、地域文化等，人们在言及文化的时候，也往往会有一个具体的所指。这也要求我们在探讨以"文化"为核心的文科教育改革时，要注意到作为复数形式的"文化"。文化的包罗万象使作为集合概念的文科在改革时需要突破单一的"新"的视野，对特定的学科、特定的人文传统、特定区域的高校进行有针对性的讨论，进而探索出具体可行的方案。自晚清西学东渐以来，中国从传统的"四部之学"转而变为"七科之学"，从而完成了近代中国知识系统之创建。[①] 学科分类方法的更迭塑造了一种全新的认知论，在一定时期内对中国学术的国际接轨具有不可替代的作用，但这也一定程度上造成了对生活世界的遮蔽，从这种意义上说，新文科的意义就在于能够培养能直面生活世界、具有"去蔽"能力的跨学科人才。与此同时，不同的文化传统在新文科建设中应被充分利用。这里所言的文化传统至少分为三个层次：第一，中国文化的层面；第二，地域文化的层面；第三，不同高校在数十年甚至上百年的办学历史中形成的学校传统。这些宝贵的传统，应该是不同高校在新文科建设中建构自身特色的资源。

[①] 参见左玉河（2004）. 从四部之学到七科之学——学术分科与近代中国知识系统之创建. 上海：上海书店出版社.

三、区域传统与新文科建设

中国深厚的人文底蕴是民族复兴的宝贵财富，是中国之所以为中国的文化根性。而中国人文传统或中国文化本身也在"一体"中孕育着"多元"，中国不同的地区具有不同的区域文化。早在先秦时期，中国文化的多元发展便已初见端倪，从"满天星斗"①，到"夷夏东西"②，再到秦汉魏晋时期的南北文化之差异，无不显示出中国文化的多元一体特征。这自然也要求中国高校的文科教育，在追求文科共性基础上，回到中国多元的文化传统中寻找支撑、凝聚特色。以四川的高校为例，培养具有人类命运共同体意识的人才固然是教育的终极追求，但巴蜀文化研究、传承人才的培养则是其区别于北京、上海等高校新文科人才的重要标识，因此四川高校新文科建设应在顺应时代变革和中国发展大势的基础上，立足区域文化传统，打造独具特色的新文科人才培养模式。

以"巴蜀文化研究与传承拔尖人才培养的改革与实践"为例，这便是为了服务中华优秀传统文化传承与创新等重大战略，全面落实《关于加快建设高水平本科教育全面提高人才培养能力的意见》等文件精神，遵循"学科融合、互动创新"的拔尖人才培养理念，依托中国语言文学、历史学、哲学等基础学科，融入了人工智能等新理念、新技术。向上支撑构建中华优秀传统文化传承与发展的国家战略，向下落实巴蜀文化传承与创新人才培养的重要任务，推动新文科背景下优秀传统文化教育的自我革新和转型发展。改革的前提是对已有人才培养模式存在的问题进行诊断，就巴蜀文化研究与传承拔尖人才培养而言，虽以巴蜀文化为依托，但落脚点却在中华传统文化的传承与发展上，正因为此，传统的教育模式便存在以下问题：

1. 传统文化人才培养理念定位不准、目标不明。巴蜀文化蕴含着深厚的中华优秀传统文化精髓，培养巴蜀文化传承与保护的人才是落实优秀传统文化发展与创新的重要路径。基于此，该项目提出"立足巴蜀、传承文明，汇通中西，创新文化"的教育理念，建构"巴蜀文化是中华优秀传统文化在当代的活态呈现"的理论，确立了"培养文化传人，传播中国声音"的人才培养目标。

2. 传统文化人才培养模式体系模糊、路径单一。针对学生多元化个性发展和传统文化学习特殊性的需求，提出实施"学思践悟、知行合一"人才培养模式，接续书院教育传统，吸纳现代教育观念，解决传统文化人才培养单一化、同质化，尤其是缺乏卓越创新型人才的问题。形成协同培养教学机制，解决传统文化教育与当代社会的融合问题。

---

① 参见苏秉琦 (2009). 中国文明起源新探. 沈阳：辽宁人民出版社.
② 参见傅斯年 (2012). 民族与古代中国史. 上海：上海古籍出版社.

3. 传统文化人才培养课程以文盖全、缺乏融通。探索文史哲融通的"大中文"概念，构建"语文为基、文理融通"课程体系，实践多学科跨专业教学内容，解决高校区域文化教育缺失、传统文化教育内容和形式单一、缺乏实践性和操作性等问题。

在明确问题的基础上，提出以培养"三型合一"的巴蜀文化研究与传承高端人才为目标，进而确立了教学改革的如下措施：（1）教学手段的多元融通（课程教学、书院悟道、社会实践）；（2）培养目标的创新发展（创新文化、传承文明、服务社会）；（3）人才复合能力的形成（人文情怀、艺术素养、科学思维）。

通过诊断问题，提出解决方案，将作为一种理念的"新文科"具体化，成为可操作的教育改革模式，最终真正实现新文科的人才培养目标。从该案例中可以看出，新文科并非"悬空的理想"，而是一种建基于传统的"发明"。

国际中文教育问题

后疫情时期国际中文教育的生态学思考[*]

傅其林　詹海玉

四川大学文学与新闻学院

自 2020 年初新冠疫情暴发以来，人们生存、生活等方面发生了一系列变化，国际中文教育在世界范围的招生及教学也受到严重影响：高校该专业的教学在疫情期间及后疫情时期大部分转移到线上，一些机构的汉语培训多数也转移到网络平台。在此情况下，国际中文教育的线上教学不仅在已有网络空间进行，而且以本专业为主导衍生的新型媒介软件也迅速增长。但是在具体线上教学过程中，该专业出现了很多问题，原因在于任课教师应对疫情突发状况的经验不足，从而出现线上平台汉语教学的各种疑难点。针对这些问题，部分任课教师从教学多维视角进行思考，积极挖掘线上教学方法；也有教师着眼于分析网络平台汉语教材使用合理性；还有教师侧重于提升线上教学师资水平问题等。我们从生态语言学视角反观国际中文教育发展现状，结合国际中文教育生态化发展体系，思考该专业语言生态和谐运作的有效机制，提出应对国际中文教育危机的战略性策略。

一、国际中文教育生态学命题的提出

对语言教育生态的关注，源自人类在文明发展过程中对自然生态和文化生态的破坏而导致人类自身的生存危机。语言是文化发展中重要的元素，也承载着文化本身，而人类文化是通过语言形成一定的认知体系从而传承和发展的。[①]

生态语言学一词在学科交叉研究中应运而生，并逐渐形成一门独立的学科门类，形成于 20 世纪 70 年代的豪根模式（Haugen，1970/1972）着眼于环境下的语言问题，即环境对语言的作用；20 世纪 90 年代后，以韩礼德（Halliday，1990/ 2001）为代表的学者，研究重点转向语言领域的生态问题，即语言对环境的影响。学界在语言生态观上把语言与环境看作一个开放的生态系统，将语言生态与生物生态的和谐性作为基本理论的出发点，强调语言生态和谐对人类生存与发展的重要性。由此可知，生

---

* 本文受 2021 年国际中文教育研究课题重点项目资助，项目名称："中文＋"与"＋中文"专业人才培养模式在泰国的推广和本土化研究，编号：21YH02B。

① 参见范俊军（2005）. 我国语言生态危机的若干问题. 兰州大学学报（社会科学版），6.

物生态与语言生态的依赖关系，即自然和人文关系的常态。显然，国际中文教育作为语言生态的组成分支，其生态状况一定程度上反映了语言生态发展的基本情况，进而体现了人文生态对自然生态的主观影响。从学术研究上看，我国生态语言学研究起步较晚，20 世纪八九十年代开始，有学者运用生态学理论思考汉语中出现的问题，如李国正发表《生态语言系统说》(1987)、《生态汉语学》(1991)，这两项学术成果被认为是最早结合生态学探索语言的论著。20 世纪 90 年代以后，随着社会经济的发展，人们看到经济发展背后的生态环境越来越差的问题，更加相信健康的生态环境对人类文明推动的重要性。这反映在生态语言学科研究上，促使一些学者对语言生态性发展更加关注，形成越来越多的研究成果。生态语言学研究逐渐得到学界认可，其发展前景是比较明朗的。然而，在后疫情时期，学者对生态语言学的关注度不够，相应的研究成果也不多，其中有学者通过生态学角度分析网络语言中的问题，提倡网络语言的环保性。① 有学者将报纸中的汉语故事进行生态化分析，以期促进语言生态的本土化发展。② 这些论文成果虽是从生态学层面思考语言与文化的问题，但是从国际中文教育方面进行生态学领域的探讨还很缺乏，只能说现有的生态学视角下的语言研究对国际中文教育生态学探索具有很重要的借鉴意义。因此，国际中文教育结合生态学研究是一项并没有得到大家普遍认同的学术问题，还存在很大研究空间。

从国际中文教育的生态情态看，大致包括四个方面：

第一，以母语进行汉语教学的母语学习环境，主要是指汉语教师使用授课对象的母语进行汉语语言及文化教学。其汉语教师一般指本土国际中文教学人员，他们能熟练使用他国语言；授课对象来自国外，他们掌握汉语的层级大致处在初级阶段，完全使用汉语进行学习很有难度，且学习者因经济条件等主客观因素无法到中国学习汉语。

第二，在母语环境下进行第二语言教学的交叉情形，即母语为非汉语的学习对象，他们跟着中国教师参与汉文化的学习，其汉语水平大致在初级或中级阶段。而授课教师来自中国，其中一部分教师由国家语言中心进行国际中文教育的任务派遣，另一部分教师通过汉语培训机构申请前往他国担任国际中文教学工作。

第三，留学生通过他国渠道申请来到中国，并在我国的学校或汉语培训机构参加汉语学习，且接受的教学语言是汉语。从二语习得的角度而言，这种形式对学生学习地道的汉语是最有效的。然而，这种教学要求学生具有较好的汉语基础。在这种教学模式下，学生掌握汉语的速度更快，对中国经典文化的理解更深刻。

第四，学习对象主要是中国学生，其学习目的是深度理解汉语理论知识，熟练掌握汉语教学技能。国家对这类学生进行国际中文教师培养，其授课语言主要为汉语。

---

① 参见陈小琴 (2021). 网络语言的生态语言学解析. 汉字文化, 19.

② 参见赵蕊华, 陈瑜敏 (2021). 生态语言学视角下中国新生态故事研究. 外语学刊, 4.

由于疫情突发状况，大部分留学生留在自己国家，无法来中国，他们通过与校方沟通，选择居家线上平台学习课程。这打破了之前师生面对面学习模式，从而变成师生通过网络虚拟教室进行汉语学习的方式。其授课内容、学习过程及课后反馈等也在很大程度上发生了改变：面对面的讨论变成了声音与声音或图像与图像之间的对话；师生互动的情感交流变得很少，等等。在汉语授课过程中，老师发现汉语教学效果一定程度上打了折扣，学生在网络平台接受汉语教学面临着诸多障碍。例如线下课堂中，对包括乘车、二维码、逛街等日常词语的认知，学生通过亲身体验便可以掌握，而网络教学减少了这种真实体验，导致学生对这些常用词的理解不那么顺畅。在汉语语音教学中，学生对教师的发音口型、表情等感知不够明显，只能通过电脑屏幕观看教师呈现的 PPT 内容，影响了学习效果。还有诸如国家之间的时差问题，线上授课进行直播难度较大。而为了让课程正常进行，校方和平台衔接，授课方式多为录播，即在上课时段播放，学生单方面听课，不利于师生及时互动，影响教学效果。基于以上几种国际中文教育环境的困境，学界从专业培养目标、授课内容、授课方式等方面进行分析，从而形成应对的策略，进而形成体系化的国际中文教育学术研究成果。但是，国际中文教育环境除了受本学科出现的问题影响之外是否受其他学科的影响，以及交叉学科出现的现实问题等，相关的探索较欠缺。

可以说从语言教育生态学观之，在后疫情时期，国际中文教育环境遭遇较大的困境：授课教室转为虚拟教室，授课内容针对性不够，学习反馈效果欠佳，师生互动不积极等。

二、加强后疫情时期国际中文教育应急运行机制建设

国际中文教育从教学体系看，大致可分为常态化国际中文教学与非常态化国际中文教学。前者是在国家和社会运行正常情况下，学科发展在外部平稳、内部有序的条件下开展教学，如新冠疫情发生之前，国际中文教育是在较稳定的环境下渐进式发展的，其教学目标、教学内容及教学手段等也是有步骤地开展的。后者是国家和社会出现了突发公共事件，如地震、疫病、战争等，这种突发事件对社会环境与个人生活等造成一定影响。国际中文教育目前更多处于非常态化教学阶段，相关部门应根据已有经验及现有设备建立非常态化教学机制，从而推进国际中文教育生态化发展。据了解，国际社会应对突发事件已积累了很多相关经验，如世卫组织设立专门部门负责突发事件中出现的疾病研究；美国通过法律成立了"国家语言服务团"（National Language Service Corps，NLSC）；日本于 20 世纪 90 年代创建了"简易日语"，便于灾害发生时外籍人士的语言交流等。

在经验积累和现实情况的推动下，中国语言学人学习世界应急经验，并结合疫情实际情况，成立了"战疫语言服务团"，此机构在国家相关部门支持下，共同研发了

多种应急语言产品，如《抗击疫情湖北方言通》《疫情防控"简明汉语"》等，面对突如其来的疫情提供及时的语言服务。而国际中文教育既涉及汉语语言教学，也包括中华文化传播，因而，在后疫情时期，我们更要积极向有经验的国家学习，建立应急时期科学教学机制。高校与新媒体融合，将国际中文教育的教学环节与网络软件深度对接，一方面，促进建立适合国际中文教育生态运行的路径：形成师生良性互动的真实教学环境，教师不局限于使用 PPT 教学，在条件允许的情况下，建议尝试进行场景教学，增加学生对学习内容的感知度。授课教师掌握较强的网络技能，在大数据环境下，了解学生的学习意图及兴趣点，针对性地进行汉语教学。教师还可以通过 VR 技术，使学生增加课堂学习的沉浸式体验，从而激发学生学习的积极性。另一方面，高校可以根据本学科培养目标，并考虑疫情特殊性，告知授课教师适时调整教学内容，而不局限于简单化缩减课程内容，影响教学质量。也有少数学校由于听力课、口语课等线上教学实施效果不佳，选择完全停开类似课程。但是这类课程的授课目的是培训学生的汉语听说，且实用性较强，完全停开是不可取的。因此，学校可根据实际情况，灵活处理这类课程的授课内容与学习形式，鼓励教师利用视频等方式增加学习的直观感，并通过智慧树的见面课、互动问答等，让教师与学生及时交流学习中的疑难点。最后，针对后疫情时期的不可预知性，学校在国际中文教育生态发展上应考虑其长远规划，诸如建设新媒体平台线上汉语教学库等。在疫情期间，师生逐渐适应了线上汉语教学模式，并在授课过程中产生了很多线上教学视频、音频及图片等丰富的教学资料，这些教学资料同样可以应用在后疫情时期的国际中文教育中，可以考虑作为线下教学实施的一种补充。因而，在后疫情时期，国际中文教育既须针对疫情不定期暴发的可能形成专门的体系化教学，也须积累应对突发公共事件的经验，保存好教学资源，建立能延续的网络教学平台；同时，高校也应针对教学资源的有限性进行合理利用与开发，避免教学资源的潜在浪费。

三、促进国际中文教育资源均衡性分配

为适应全球汉语学习热的趋势，部分高校经审批设置了国际中文教育专业，不仅为了满足汉语学习者市场的需求，也希望让世界上的更多人加深对汉语及中国文化的了解，引导他们真正喜欢中华文化，从而提升我国在世界领域的文化软实力，并助力人类命运共同体的发展战略。但是，专业建设资源毕竟有限，高校应综合考虑国际中文教育资源供给问题。具体而言，生源问题上，不同院校所处地理位置及合作国家不同，招收留学生的数量及汉语基础存在差异，尤其地方高校生源情况并不乐观，造成不同高校在同一专业发展上的区别较大。因此，在学科总体发展目标类似的情况下，国家在顶层设计上可以考虑减少该学科发展不太好的院校资源供给，对于招生生源无法满足的高校可以考虑撤销其专业建设。教学资源上，高校之间可以建立资源共享

链，形成高校国际中文教育发展联盟，将其资源形成一个整体，并以项目实施方式建立彼此之间的合作关系，这会有利于发展较好的学校形成学科建设典型，进而使这些学校形成较强的凝聚力。平台资源上，智慧树、MOOC 等平台的线上课程数量呈直线上升，一定程度上提高了其网络教学供给的知名度，然而，这些平台在课程建设上同质化较严重，如同一平台出现同一门课程或相似课程，课程内容也存在雷同，而在虚拟空间有限的情况下，学校可以将自己的课程在不同时段传至这些平台，显然会增加平台空间承受压力，并迫使网络平台实施扩容，很大程度上提高了平台建设和维护经费。到了后疫情时期，此类现象依然存在。如何合理使用平台资源不仅是平台自身的责任，也是高校营造国际中文教育生态环境应考虑的重要问题。从语言生态上考虑，其实质是均衡利用平台资源，避免平台拥挤，影响教学秩序，也避免同类课程占用太多平台空间，造成资源浪费。

针对平台资源现存的问题，一方面，平台形成网络课程上传规则，加强课程名称及课程内容等方面严格审核，同时，平台之间需建立协作关系，共同督促课程资源的科学性、创新性发展。另一方面，高校对国际中文教育线上课程也须作出规范，以打造优质在线课程为目标，从教师备课、课堂教学、课后反馈及师生互动等方面层层把关，避免随大流而导致该学科课程资源建设的特色性欠缺。总体上，强化国际中文教育生态化发展，是高校学科建设水平的体现，也是高校融合学校和社会资源能力的展示，更是高校国际中文教育在世界范围教学实力的呈现。

四、深化国际中文教育的总体性考量

"豪根模式"的生态语言学认为，每一种语言都具有自身形成的生态环境，它的好坏被语言使用中的社会与人决定，秩序分明的社会环境会促进语言使用与研究的不断进步，模糊混乱的社会环境则会阻碍语言生态的健康发展。而语言生态的杂乱性必会造成社会文化生态的不平衡性，从而导致整个人类社会可持续发展的延后性，甚至破坏已有的人类生存环境。从这个视角上，维系语言生态发展是语言规划部门及其工作人员无可推卸的责任。国际中文教育是总体的语言文化生态，需要加强总体性考量，涉及国家、社会与个人的和谐整合。

在国家层面，相应部门及管理者出台后疫情时期针对国际中文教育持续发展的顶层规划，包括本学科自身发展及其生态发展，涉及的范围可以是高校、汉语培训机构及国外已有合作的学校和社区等，并全面思考学科发展的整体机制、项目合作的可行性、平台资源链接的创造性等，使得整个学科在健康的生态环境下有序进行，和谐成长。在社会层面，通过合法性宣传，相应部门和集体在网络平台引导人们正确认知国际中文教育学科存在的问题，并引导更多的人支持该学科在世界汉语教育的有序性实施，同时，对现有学科资源分配提出有效运作方式，以此建立国际中文教育学科生态发展实施部门。在个人层面，国际中文教育既是国家和社会重视的一项事业，也是个人积极参与文化交流的有意义的事情。其中，授课教师可以思考教案与平台对接的可操作性，尤其针对同一门课程教学资源的共享性；学生可以考虑学习汉语知识的重要性及必要性，同时，配合授课教师共同建设好网络课程资源。总之，教学资源滞后、同质化，学生学习汉语兴趣逐渐降低，平台资源链接的重复性、低端化等问题在国际中文教育学科表现明显，也阻碍了其学科发展的生态环境，因而，国际中文教育学科在生态语言学范围中寻求发展是目前考虑的关键问题，也需要更多的学者从生态语言学的角度分析本学科存在的问题，并提出相应的解决方案。

总之，后疫情时期，国际中文教育在世界范围会继续开展，其中也会出现难以预料的问题，其传统模式受到严峻挑战。它需要在新的疫情形势和教育技术的环境中改革发展，甚至进行教育范式的革命，生态学的思路与策略无疑是值得关注和借鉴的。

国际中文在线教育的发展方向：标准化和专业化[*]

雷　莉　张亚朋

四川大学海外教育学院

随着我国国际影响力的不断增强，全世界学习中文的热情日益高涨，目前全球已有 70 多个国家将中文纳入国民教育体系，国际中文教育进入普及化时代。在新冠疫情防控常态化背景下，国际进出境限制、社交空间隔离等措施，一定程度上影响了各国间的正常交流，也给传统中文教育形态和组织方式带来了前所未有的挑战，一定程度上影响了国际中文教育的发展。

新形势孕育新生机，面对这一困境，线上中文教学作为应急之举被广泛应用于教学日常，但由于缺乏较为成熟的在线中文教育体系，全球在线中文教育均处于缺乏标准化和专业化的自我探索之中。学界已有研究表明，国际中文在线教育整体存在教师素养欠缺、学习者参与度不够、教学模式受限、教学平台不完备、教学管理困难等问题。在全球疫情防控常态化及教育数字化的发展趋势下，线上中文教学的战略地位显著提升，有望成为疫后教学模式的新常态、全球中文教育教学动态研究的新兴领域。

一、国际中文在线教育的标准化

从传统课堂教学到线上中文教学并非只是教学环境的"时空"转换。从教师的角度来看，两者在教学理念、教学模式、教学方法、教学管理、教学资源、教学技术等方面均有不同；从学习者的角度来看，学习者的学习动机、学习策略、学习风格、学习态度、认知模式等方面均会发生变化。国际中文教育的现有标准体系并不完全适用于线上中文教学，科学制定线上中文教育教学发展规划，建立国际中文在线教育系列标准，完善国际中文教育标准体系，才能确保国际中文在线教育的可持续发展，促使国际中文在线教育的优势得到最大化体现。

在标准化方面，加强标准体系建设的顶层设计和深化在线教育的理论研究，是亟待解决的两方面问题。

---

*　本文受 2021 年国际中文教育研究课题重点项目资助，项目名称："中文＋"与"＋中文"专业人才培养模式在泰国的推广和本土化研究，编号：21YH02B。

首先应加强顶层设计。以"国际中文教育标准体系"为依据，建立健全国际中文在线教育教师标准、教学资源建设标准、教学评价标准、学分认证标准。教师标准的制定要以"教师信息素养"为重点，明确教师信息化教学理念和信息化教学能力的内涵；教学资源建设标准要以"智能化、体系化、特色化"为引领，提升教学资源的适用性和易用性；教学评价标准要考虑到在线教育"大数据"特性，可引入"多模态学习分析"对教学过程和学习效果进行评价；学分认证标准要兼顾"跨学校"与"跨学科"，推动国际中文教育多种学习成果的认证、融合、积累与转换。

其次，应深化理论研究。通过考察中文在线教育教学模式、调研中文在线教育教学方法、反思中文在线教育教学设计、探究中文教师在线教学能力培养、挖掘线上中文学习者需求特征、分析线上中文学习者学习过程、开发国别化在线课程体系、构建在线教学多模态数据库、推动语言要素教学与智能工具的创新融合、研判中文在线教育的发展趋势等课题研究，形成完善的国际中文在线教育理论体系，解决制约"互联网＋国际中文教育"发展的理论与实践问题，为中文在线教育教学工作的规范开展提供理论参考与学术指导，推动中文在线教育由目前较分散的、以教师个人摸索为主的情况逐渐向有组织的、以团队共建共享为主的局面转变。

二、国际中文线上教育的专业化

疫情期间国际中文教学依赖的技术平台种类不一而足，常见的有中国大学MOOC（慕课）、腾讯会议、钉钉会议、超星学习通、对分易、Zoom、Miscrosoft Teams、Google Meet 等，也有学校结合自身需求开发的个性化网络平台。总体来看，针对以中文作为第二语言的专门化技术平台匮乏，使授课平台的教学问题日益突出。大众平台大多仅具备直播、录播、点对点互动、分组讨论、上传作业等基础功能，适合于通用学科的在线学习，缺乏语言教学的适应性和针对性。此外，由于中文教师信息素养大多欠缺，对教学平台的功能和应用场景不熟悉，导致教学过程僵化、教学效果不理想。

在专业化层面，面向国际中文线上教育的优质平台建设及专业化师资队伍培育成为当前重要趋势。

首先应汇聚高新企业、高等院校、科研机构等各方专业力量，深化 5G 网络、人工智能、云计算、大数据、区块链、虚拟现实等技术与国际中文在线教育的深度融合，准确把握国际中文教育的学科特性，尊重中文作为第二语言的教学规律，分析资源及教学平台使用场景和功能，以"人际互动""人机互动"的教学需求为导向，构建集"教学、评价、研训、管理"为一体的在线教学平台。专业化教学平台的构建有助于整合优质中文教学网络资源、提供智能化教学方案、为学习者学习行为与教师教学管理提供精准分析。

其次，国际中文线上教学对中文教师的网络运用能力、教学课件制作能力、多种形式呈现教学材料的能力、课堂管理能力及教学过程统筹能力都提出了更高要求，良好的信息素养是确保教学过程顺利开展的关键因素。通过现状调研掌握国际中文教师信息素养现状，分析需求与现状之间的差距，在"中文在线教育教师标准"的指导下，打造国际中文教师培养一体化服务平台，推广网络研修和培训等方式，开展系统性、针对性、国别化在线培训，提高教师数字化教学思维能力、在线教学能力和信息化运用能力，建设适应教育现代化要求的高素质、专业化、创新型教师队伍。

三、结语

发展国际中文在线教育是顺应国际中文教育智能化建设的必然选择，是加快实现国际中文教育现代化的有效途径，是提升中国语言文化传播能力的时代要求。当前，国际中文在线教育的理论构建和教学实践均处于探索阶段，"标准化"和"专业化"既是国际中文在线教育的发展趋势，也是未来的发展目标。加强顶层设计、深化理论研究有助于国际中文教育标准体系的完善和升级。同时，集成化教学平台的研发、教师信息素养的提升为国际中文在线教育可持续发展提供了专业的技术保障和人才支撑。

参考文献

高育花（2021）. 新冠疫情下的国际中文教育研究综述. 天津师范大学学报（社会科学版），6.

郭晶，吴应辉，谷陵，等（2021）. 国际中文教育数字资源建设现状与展望. 国际汉语教学研究，4.

李宝贵，庄瑶瑶（2021）. 后疫情时代国际中文教师信息素养提升路径探析. 语言教学与研究，4.

李宝贵，刘家宁（2021）. 新时代国际中文教育的转型向度、现实挑战及因应对策. 世界汉语教学，1.

陆俭明，崔希亮，张旺熹，等（2020）. "新冠疫情下的汉语国际教育：挑战与对策"大家谈（下）. 语言教学与研究，5.

史金生，王璐菲（2021）. 新冠疫情背景下高校留学生线上汉语教学调查研究. 语言教学与研究，4.

田学军（2020-12-15）. 全球已有70多个国家将中文纳入国民教育体系. 光明日报.

王辉（2021）. 新冠疫情影响下的国际中文教育：问题与对策. 语言教学与研究.

吴应辉（2022）. 国际中文教育新动态、新领域与新方法. 河南大学学报（社会科学版），2.

袁礼，孔明（2020）. 后疫情时代国际中文教育大家谈——世界汉语教学学会调研国际中文教育发展观点集萃. 国际汉语教学研究，4.

应用型国际中文教育专业更应打牢专业知识基础[*]

李宇凤

四川大学文学与新闻学院

随着时代发展，国家不断强调国际中文教育应用型人才的培养，强调突出该专业的实践性，要求实践课程提高比例。这就带来一个操作性问题：国际中文教育应用型人才培养是否就是让学生不断地多角度地从事国际中文课堂教学实践，即国际中文教育应用型人才培养是不是一个让学生在实践中不断试错的过程？

我们认为，这个看法相当草率而缺乏科学精神，是对国家战略和国际中文教育专业目标的误读和对该专业方向及学生的误导。我们要培养的是国际中文教育专业硕士，是具有针对性的专业知识、体现专业实践能力的高水平中文教育教学工作者，是更好更优秀的中文教师。

国际中文教育专业硕士毕业后，并非站上讲台就能够开始教留学生学习中文。这里有一个教什么、怎么教的问题。需要掌握中文语言学基础知识，针对不同需要和学习阶段的留学生、根据不同课型和目标任务来制定教学内容；需要依据中文语言规律让留学生的中文学习达到举一反三、事半功倍的效果；需要根据习得理论预测留学生的学习困难，合理安排教学内容的难易程度，帮助其解决问题；需要掌握文化和交际的相关理论，理解人类交际交流的规则策略，跟留学生有效沟通，对留学生产生潜移默化的影响；需要深刻体会中华文化的博大精深，在教学中恰当融入，让留学生感受文化之美，进而自觉加强学习……专业基础知识是根基、是动力，是实践教学应用的源泉。

一直以来外界对国际中文教育专业都存在简单化误解，即认为只要是中国人，普通话说得好一点，都能教中文。这样的错误思想在社会实践中表现为国际中文教育硕士生急于出外实习，急于出国交流（很多学生甚至以为国际中文教育就是一个出国跳板，具体学什么不重要），而认为专业基础课程学习可有可无。这样的直接后果有两个：

第一，国际中文教育专业学生的教学表现不专业，教学方法单一。我的研究生曾

---

* 本文受 2021 年国际中文教育研究课题重点项目资助，项目名称："中文＋"与"＋中文"专业人才培养模式在泰国的推广和本土化研究，编号：21YH02B。

经提到，她教一个外国学生量词"根、条"，拿着筷子说"一根筷子"，指着小路说"一条小路"，学生问她为什么不是"一根小路"，她说筷子是硬的直的，学生又问那"头发"呢，是"根"还是"条"，然后还有"纸条、小草、绳子、电线"等，直接把她问蒙了。最后只好说记住就好了，这是习惯。这让她的教学能力在留学生心中大打折扣，并且留下了中文没什么道理的印象。更多的学生在语音教学中就是一遍遍纠正和带领诵读，完全没有利用语音学知识和发音声学规律。听力课上，很多实习生都是放录音、做题、对答案、纠正的套路，课堂死气沉沉，教学效果很不理想。文化方面，有的实习生没有跨文化交际意识，对于自己的文化刻板印象浑然不知，对于外国留学生对中国的刻板印象照单全收。有的实习生认为，凡美国人都很活跃，日本人韩国人沉闷不爱回答问题，所以常常向美国学生提问，而忽略日韩学生，以为这样能照顾学生面子和情绪。还有的实习生在进行留学生课堂管理时，认为外国人就是天性随性，课堂无组织无纪律也不敢管，或者只要学生说中文课堂枯燥，就从中国文化和教育传统中找原因，这显然是不合适的。无数中文教学实践的例子都证明，国际中文教育之所以是专业，必然有其专业性。而这种专业性很大程度是植根于专业基础知识，离开了专业知识支撑的教学实践，只能是简单的无效重复，会脱离中文教育教学和实践型应用型人才培养的正轨。

第二，社会实践领域对国际中文教育的专业性不认可，社会评价低。实习生在没有很好的专业知识基础的情况下，以较为单一的方式重复上课，获取微薄的收入，教学效果一般，更加深了社会上"是中国人就能教中文"的错误印象，对国际中文教育专业的评价整体不高，甚至认为专硕学位可有可无。几十年来，国外和国内很多国际中文教学的课堂，都以会中文的中国人充当教师。美国不少中文学校的中文教师都是国内出去工作的中国人的配偶充当，他们很多没有经过专业培训。因为最初对中文教学的要求不高，对中文教师要求也一度不高，费用也很低，国外很多地方的中文教育长期处于低水平运转阶段，算是主课程的辅助。当前的国际形势下，中文已经成为世界主流语言，高水平的中文教学成为迫切需要。但调查显示，目前中文国际教学的薪酬还保持着十几年前的水平，平均 30 元人民币一节课，这也从一个侧面反映出国际中文教育并没有作为专业实践受到专业的薪资待遇。低要求、低薪酬两相匹配，使得该专业的学生和社会用人单位对于国际中文教育专业都形成了"无需太专业"的印象。该专业的学生收到负面反馈，觉得无需怎么学习，毕业生的国际中文教学能力与一般会说中文的中国人没有明显的差别。恶性循环不断发展，对他们的专业期待和专业表现形成了非常负面的影响。很多用人单位，甚至不知道国际中文教育是个什么专业，为什么有这个专业，"中国人教中文还用读硕士吗？"我们需要改变关于国际中文教育的刻板印象，朝着高专业性与强实践性相结合的角度大跨度前进。

解决国际中文教育低水平应用的困境，当务之急是强化专业基础意识、加强专业基础能力，才能够在国际中文教育教学实践中实现高水平应用型人才培养目标。原则上，实现国际中文教育打牢专业基础的目标，大致可以从三个方面入手。

首先，培养专业基础意识，改变对专业基础知识的负面刻板印象。我们的学生，对于实践实操的热情可以理解，但是也应该从根本上把实践应用跟简单授课区别开来。从四川大学 2021 年学术讲座和学术会议的国际中文教育硕士参与情况来看，多数学生觉得我又不搞研究，不需要学习中文语言学、调查研究方法、学术写作等理论知识，对学术活动不感兴趣。结合学生访谈，我们也发现，学生对国际中文教育的专业性未来没有强烈期待，不愿意进行学术角度的思考，觉得太难，好像专业理论基础就是为了故意制造麻烦而存在的。再加上实际中文教学中，我们强调不能把语言学理论等直接灌输给外国学生，造成学生误以为理论在教学中用不上。实际上，中文语言学等专业基础知识不是对中文教学没用，而是不需要留学生直接掌握；中文教师的工作是消化吸收理论知识，然后转化成留学生能够理解的语言和操练方式，提高中文教学效率。中文分析、逻辑能力、表达技巧、课堂技能等都是建立在中文教师对专业基础知识的理解基础上的，是对理论的应用升华。

其次，改革专业基础课教学，加大专业基础与实践应用的结合力度。学生对于专业基础的偏见，一定程度上也是因为他们不具备自动识别理论应用前景的能力。为解决这个问题，该专业基础课程的教学，应该加大基础知识对实践应用价值的展现，引导学生体会专业基础知识和理论在实践中的应用实现。比如"汉语语言学导论"，在本科阶段学生已经学过"现代汉语"，那这门课程还有什么吸引力呢？我们应该看到"汉语语言学导论"是针对中文教学开设的汉语语言学基础课程，在教学中的着力点就应该放在如何将汉语语言学的各个知识点应用到教学中，说明汉语语言学知识是如何促进特定内容的中文教学实践的。"现代汉语"讲口语和书面语，讲普通话和方言是介绍性的，而"汉语语言学导论"就应该说明中文是一个笼统的概念，而中文教学不行，我们应该根据教学需要确定教学对象的"中文"是口语还是书面语、方言能不能教、口语用在什么阶段什么课型中等等。"现代汉语"讲基本词汇和一般词汇，"汉语语言学导论"应该讲基本和一般词汇的区分跟词汇教学大纲的关系。我们要让学生切实体会到，专业基础课程是很有用的，也是很有趣的。

最后，提高国际中文教育实践的专业含量，体现专业基础的实践应用价值。从教学实践应用的角度看专业基础知识的学习，可以给实习实践的学生提出一些有挑战性的任务，而非简单的授课。要引导学生注意教学效果监控，注意教学实践中出现的问题，以及如何从科学专业的角度去解决。比如，带着研究任务进行教学实践，检验某个结构如"把"字句的教学跟基本理论研究的关系，考察如何教会"把"字句，又反过来从"把"字句教学实践中检验传统理论对"把"字句的概括是否合理。

国际中文教育专业建设是目标明确的，也是任重道远的。当前，国际中文教育专业面临着重大的机遇和挑战。我们需要在破除成见和刻板印象的基础上，加大专业基础知识的教学力度，加强专业基础知识对于国际中文教育实践的实际贡献。

后疫情时期国际中文教育人才培养和课程体系构建的几点新思考[*]

韩江华

四川大学文学与新闻学院

从最初的"对外汉语教学"到后来的"汉语国际教育",再到现在的"国际中文教育",我国的国际中文教育事业的发展取得了可喜的成绩。教育部、国家语委于2021年6月2日在京发布的《中国语言文字事业发展报告》指出:"截至2020年底,全球共有180多个国家和地区开展中文教育,70多个国家将中文纳入其国民教育体系,外国正在学习中文的人数超过2000万,累计学习和使用中文的人数接近2亿。"

但是面对国际新形势和新需求,国际中文教育也存在一些亟须解决的问题,尤其是在国际中文教育人才的培养上,需要更多的新举措。本文主要从人才培养目标和课程体系构建视角谈一些思路和想法。

一、国际中文教育人才的分类培养设想

国际中文教育是一项庞大的工程,任何一个人都无法独立完成,需要人们分工协作。为此,在人才培养上,我们应该根据需求进行人才分类培养。应该将国际中文教育的人才培养分为以下三类:国际中文教育一线授课型人才,国际中文教育资源建设型人才,国际中文教育研究型人才。

(一)国际中文教育一线授课型人才的培养问题

国际中文教育一线授课型人才主要是指从事国际中文一线教学工作的教师。这类人才需要的是两方面的能力储备,一是本体知识储备,包括语言、文化、专业技能等知识;二是教学技能储备。对于这类人才的培养应该强调和突出教学技能。在实际的培养中,应该改变以往的知识学习和教学实习相分离的模式,应该将二者有机结合,并贯穿整个培养过程,使学生在每学期都有一定时间的教学实习。还可将毕业论文改

---

* 本文受2021年国际中文教育研究课题重点项目资助,项目名称:"中文+"与"+中文"专业人才培养模式在泰国的推广和本土化研究,编号:21YH02B。

为毕业设计，让他们设计一个具有个性化和实用性的教学方案。此外，为了适应当代兴起的"中文＋"与"＋中文"教学的实际需求，还应培养一线教师对各类专业技能的掌握，引导他们去学习跨专业的知识和技能，使他们成为"懂专业"的国际中文教师。

（二）国际中文教育资源建设型人才的培养问题

国际中文教育资源建设型人才是指从事国际中文教育所需的各类资源的开发建设的人才，主要包括开发和编写教材，开发学习 App，开发和建设资源数据库等。他们的工作在于为一线教师的教学提供教学资源，同时也为学习者的课后练习以及自主学习提供学习资源和途径。如果将一线教师的教学工作比喻为前台服务，那么资源建设者所从事的工作就是后台服务与技术支撑。

国际中文教育资源的建设工作在整个国际中文教育事业中是基础性的、不可或缺的重要工作。此前，我们一定程度上忽略了对这一类人才的专门培养。目前国际中文教育资源建设的工作人员几乎都是由一线教师或者研究者兼任。这种缺乏专业化的资源建设人才的现实状况导致资源建设落后于教学需求。为此，在后续的人才培养中，我们必须要加大对从事国际中文教育资源建设的专业性人才的培养，以培养出一支潜心致力于国际中文教育资源开发的技术性应用人才，不断地为国际中文教育的一线教师提供更多高质量的教学资源，为不同学习需求的学生提供适合的学习平台和资源。

（三）国际中文教育研究型人才的培养问题

国际中文教育研究型人才主要是指专门从事国际中文教育的各类问题（包括理论问题和实践问题）的研究的人才。这类人才应该是专门从事研究的科研型人才。目前国际中文教育还有很多理论问题和实践问题亟待研究，而能够从事这方面研究的人才一般需要攻读完博士学位。但是，在目前国际中文教育人才的培养中，博士的招生规模受导师数量、教学资源等限制，招收人数远未达到需求人数。为此，国家应该在国际中文研究性人才培养上给予政策支持，适当扩大招生规模，以便培养出更多能够从事国际中文教育研究的高端人才。此外，在科研方面，应该进一步加大科研经费的投入，可以考虑在国家社科基金项目中单列国际中文教育研究专项项目，同时将中外语言文化交流中心的国际中文研究项目改为教育部人文社科项目的国际中文教育专项项目，在国家语委科研项目中增加国际中文研究项目。这样让更多从事国际中文教育研究的学者有机会获得国家级的项目基金资助，从而更好地推动国际中文教育研究的深入发展，及时研究和解决国际中文教育发展中遇到的各类理论和实践问题。

二、国际中文教育课程体系分模块设置的构想

要做好一个学科的课程体系构建，首先要明确该学科的性质。目前，在我国的学科体系设置上，国际中文教育的本科、硕士和博士在学科归属上缺乏承续性，分别被归置到中国语言文学和教育学两个不同的学科当中。这种错位的学科归类设置严重影响了国际中文教育课程体系的构建，严重制约了国际中文教育人才的培养。为此，我们认为，为了加快国际中文教育课程体系的优化设置，应该尽快解决国际中文教育学科归置问题。从学科性质上看，国际中文教育是一个横跨语言学、语言教学、教育学、文化学等的交叉性学科。为此，我们应该将国际中文教育设置为一个独立的交叉学科。

国际中文教育交叉学科的性质决定了从事国际中文教育的人才需要学习和掌握来自不同学科领域的知识和技能。为了适应全球对国际中文教育人才的新需求，我们应该按照交叉学科的建设方向对已有的课程体系进行革新。新的国际中文教育课程体系应该包括四个模块：语言模块、教育模块、文化模块、专业技能模块。

（一）关于语言模块课程的构想

国际中文教育最核心的部分是中文教学。作为中文教学者，我们必须要具备语言学的相关知识，这就需要我们学习和掌握扎实的语言学知识，包括语言学理论的知识和语言事实的知识。

首先我们要了解关于语言的基础理论知识，这就需要开设语言学概论性质的相关课程。其次，我们应该精通关于汉语语音、词汇、语法等各方面的知识。为此，必须开设现代汉语通论、古代汉语通论、汉语方言通论等课程。

通过这些课程的学习，学习者既要达到了解语言学基础理论知识的目的，又要达到掌握语言事实知识的目的。作为国际中文教育的从业人员，我们必须精通与中文相关的语言学知识和语言事实。

（二）关于教育模块课程的构想

国际中文教育人才是从事教育的专业性人才，必须要掌握教育学的相关知识。针对专业特点，教育模块的课程应该包括教育学基础、教育心理学、课堂管理、课堂教学设计、第二语言教学理论与实践、教学课件设计与制作、沟通与交流等。这些课程意在培养国际中文教师的教育素养和管理课堂的能力，同时培养他们与学生沟通的技能与方法。

在国际中文教育的课堂中，师生之间的沟通以及课堂管理是教学成败的关键因素之一。一个合格的国际中文教师，必须擅长与各类学生进行有效沟通，同时要有效管理

课堂。只有做好了沟通与课堂管理，语言教学才能正常进行。因此，教育模块的课程对于国际中文教学人才的培养是不可或缺的。

（三）关于文化模块课程的构想

国际中文教育不仅仅是教授语言知识，还要教授文化知识。语言和文化是不可分割的，学习一种语言必然会学习与这一语言相关的文化。在国际中文教育中，教授和传播中华文化是必不可少的内容。为此，在培养国际中文教育人才时，必须要让他们了解和掌握中华文化，要为他们开设各类文化课程，包括中华优秀传统文化、中华才艺、中国当代文化、中国科技文化、跨文化比较与交际等课程。这些课程意在培养国际中文教师的中华文化素养，让他们成为中文华文全球传播的先行者和实践者，向世界讲好中华文化，讲好中国故事。

（四）关于专业技能模块课程的构想

专业技能模块课程主要是指教授各类专业技能知识的课程。这是为了适应当代世界各国对"中文＋"与"＋中文"教学的需求而开设的，这些课程包括诸如关于高铁、中医、旅游、法律、航空、海关、物流、电商、机电、路政等专业领域的技能知识。

目前在海外从事国际中文教育的很多教师虽擅长语言教学，但不懂相关专业技能知识，涉及专业技能知识时无法讲解清楚。而懂专业技能知识的教师有的不懂中文；有的虽然懂中文，但不擅长语言教学。这导致中文教学与专业技能知识教学之间形成了壁垒，不利于"中文＋"与"＋中文"教育项目的高效开展。为此，在国际中文教育人才培养中，我们必须要增开专业知识与技能课程，打通中文教育与专业技能知识之间的壁垒，使二者有机结合；培养兼具国际中文教育技能和专业知识技能的复合型国际中文教师，使中文教育与职业技能人才的培养有机结合，拓展国际中文教育的发展空间。

当然，职业技能课程的开设，需要聘请相关专业的教师参与开课，必须要保证课程的专业性与职业化。

三、结语

为了应对国内国际格局的新发展，党中央和国务院实时做出了"建设世界一流大学和一流学科"的重大战略性决策。国际中文教育是顺应"中华文化走出去的国家战略"而产生的学科，是国家和民族复兴的重要事业，是传播中华优秀文化的重要手段和途径。发展国际中文教育，培养专业化的国际中文教育人才是对标国家重大战略需求的世纪工程。为此，我们必须要在人才培养和课程体系构建上狠下功夫，以培养出一支高素质的国际中文教育人才队伍，不断推动国际中文教育事业的发展。

参考文献

曹沸（2012）．远程国际汉语教学的认知模式与教学资源研究．远程教育杂志，6．

李宝贵，李辉（2020－06－23）．完善一带一路沿线国家"中文＋"教育发展．中国社会科学报，3．

郭晶，吴应辉，谷陵，等（2021）．国际中文教育数字资源建设现状与展望．国际汉语教学研究，4．

史金生，王璐菲（2021）．新冠疫情背景下高校留学生线上汉语教学调查研究．语言教学与研究，4．

王辉（2021）．新冠疫情影响下的国际中文教育：问题与对策．语言教学与研究，4．

吴应辉（2022）．国际中文教育新动态、新领域与新方法．河南大学学报（社会科学版），2．

吴勇毅（2021）．国际中文教育"十四五"展望．国际汉语教学研究，4．

吴勇毅（2007）．海外汉语教师来华培养及培训模式探讨．云南师范大学学报（对外汉语教学与研究版），3．

吴勇毅（2014）．关于汉语教学模式创建之管见．华文教学与研究，2．

袁礼，孔明（2020）．后疫情时代国际中文教育大家谈——世界汉语教学学会调研国际中文教育发展观点集萃．国际汉语教学研究，4．

赵晓霞（2019－12－20）．"中文＋"的未来之路．人民日报（海外版），11．

关于留学生中国现代文学教学的三点思考

叶　珣

四川师范大学文学院

自 1985 年招收第一批对外汉语教学专业的本科生以来，对外汉语教学专业已有了 30 多年的发展历史。1998 年，教育部将对外汉语教学专业的主干学科分为中国语言文学和外国语言文学两大类。2012 年，"对外汉语教学"更名为"汉语国际教育"，规定主干学科仅为中国语言文学一类。2019 年以后，学界多以"国际中文教育"来称呼这一专业。

留学生来自外国，本就至少掌握一种外国语言。因此，攻读国际中文教育专业的留学生理应更加深入、系统地学习中国语言文学知识。文学课作为汉语教学必不可少的环节，是"提高对外汉语教学……文化含金量"[①] 的主要手段，比之中国古代文学，现代文学更加贴合目前中国社会的实际。自 20 世纪 80 年代以来，针对留学生的现代文学课程的开设已有 30 多年历史。那么，中国现代文学课的教学究竟在多大程度上帮助了留学生的汉语学习？针对留学生的现代文学课程又有哪些需要改进的地方呢？

笔者查阅一系列针对留学生的现代文学教材及关于留学生现代文学课程的调查报告发现，目前针对留学生的现代文学教学存在的重要问题是：我们习惯性地把留学生当作中国学生，针对两种不同学生的教学，在一些重点问题上未做出区分处理。留学生现代文学教材的文学史简述及作者介绍部分照搬国内汉语言文学专业的本科生教材，而作品赏析部分又照搬国内高中生的教辅资料。此外，在正式的课堂教学中，中文教师所着重讲授的也是现代文学的创作背景、思想内容等话题，未能很好地融合兼顾留学生的另一学习诉求，即大部分留学生是希望通过学习中国现代文学提高汉语语言交际能力。

在本篇文章中，笔者将从三个方面来谈一谈目前留学生现代文学教学所遇到的问题，亦尝试性地提出解决的对策。

---

① 吴成年（2002）. 论对外汉语教学的中国现代文学课. 北京师范大学学报（人文社会科学版），6.

一、教材内容偏难

留学生教材《中国现代文学选读》的编写说明中有这样一句话："本书尽可能适应具有中级汉语水平的外国留学生的接受能力。"[①] 这一期望十分美好，但实际上现代文学对外汉语教材却普遍偏难，超出了中级水平。《中国现代文学选读》第二章第一节"现代小说的开端和确立"中有这样一段话：

> 始于 1917 年的文学革命是一次伟大而彻底的文学革新运动。其创作方面最初成功的标志是鲁迅的《狂人日记》。小说于 1918 年 5 月发表，是现代文学史上第一篇白话短篇小说。小说控诉了封建制度及其伦理道德"吃人"的本质。其内容的深刻和形式的现代性，成为中国现代小说的开端。之后鲁迅发表的小说都本着"揭出病苦，引起疗救的注意"的宗旨，描写了封建制度的统治者、卫道者、受害者和叛逆者，揭露封建宗法制、科举制和旧礼教的罪恶，反映了下层人民精神的痛苦及麻木状态。[②]

事实上，这样的介绍十分繁复，中等汉语水平的留学生未必能够确切理解整段话的含义。我们再来看看中国本科生现代文学教材《中国现代文学三十年》中有关现代小说开端的介绍：

> 1918 年 5 月，《新青年》第 4 卷第 5 号发表了鲁迅《狂人日记》。这是中国现代文学史上第一篇用现代体式创作的白话短篇小说……继《狂人日记》之后，鲁迅一发而不可收，在 1918 至 1922 年连续写了 15 篇小说，于 1923 年 8 月编为短篇小说集《呐喊》……1924 到 1925 年所作小说 11 篇，则收入 1926 年 8 月出版的短篇小说集《彷徨》。鲁迅的《呐喊》与《彷徨》是中国现代小说的成熟之作。这就是说，"中国现代小说在鲁迅手中开始，又在鲁迅手中成熟，这在历史上是一种并不多见的现象"。[③]

纵观两本教材的描述，其内容虽不太一致，但遣词造句的难易程度却无甚差别。具体到对每个作家的详细介绍，大部分现代文学留学生教材与中国本科学生教材的语言表述也没有太大差异。比如在留学生《中国现当代文学史教程》（欧阳祯人主编）中，对郭沫若诗集《女神》的描述是这样的：

> 《女神》的成功在于时代的需要与诗人创作个性的统一。激情的五四时代需要热情的浪漫主义来表现，而诗人郭沫若正是"偏于主观的人"，艺术想象力大

---

① 金戈，刘蓓蓓（2002）. 中国现代文学选读. 北京：人民文学出版社.
② 金戈，刘蓓蓓（2002）. 中国现代文学选读. 北京：人民文学出版社，9.
③ 钱理群，温儒敏，吴福辉（1998）. 中国现代文学三十年（修订本）. 北京：北京大学出版社，30.

于观察力。他在《女神》中强调了诗的抒情本质，创造了一系列自我抒情主人公的形象，显示了浓郁的五四时代气息。①

而在《中国现代文学三十年》中，编写者是这样介绍《女神》的：

> 《女神》的成功在于时代的需要与诗人创作个性的统一。狂飙突进的"五四"时代需要用高昂热情的浪漫主义来表现，而诗人郭沫若正是"偏于主观的人"，艺术想象力胜于观察力……诗的抒情本质的强调……自我抒情主人公形象的创造，成为《女神》思想艺术的主要追求。②

从以上两段话可以看出《中国现当代文学史教程》对《中国现代文学三十年》的借鉴与改写。显然，改写后的《中国现当代文学史教程》行文更为简单。但饶是如此，对于留学生而言，改写后的语段读来也较为吃力。因为短短一百多字的简介，编者就在其中加了四个注释。

过高的难度无疑会打击留学生学习中国现代文学的积极性。笔者采访了一位清华大学的留学生博士，他表示现今的留学生现代文学教材的确偏难。笔者还调查了四川师范大学的部分留学生，他们谈及对中国现代文学提不起兴趣的其中一个原因就是课本难度较大。因此，针对留学生的中国现代文学教材还应进行更为简单化的改写与处理。

二、对文学作品的理解过于单一

受限于时代背景，中国现代文学作品的主题大多为"反映社会现实和政治生活"。在国外长大的留学生缺乏对中国社会历史的深入了解，且受制于各自的阅读经验和期待视野（这一期待视野往往与留学生本国的文化传统及社会生活环境有关），因此，他们对中国现代文学作品的理解常呈现出多元化的特征。而反观留学生教科书上的标准答案，其对文学作品的理解则过于单一，这反而阻碍了留学生的发散思维，也限制了他们从多角度了解中国文学文化的可能。

以《阿Q正传》为例，面向留学生的教材通常这样解读这篇课文："《阿Q正传》最大的思想价值在于高度概括了在几千年封建文化压迫下的中国国民性的弱点，阿Q则是这种国民弱点的集中体现者。"③ "鲁迅对阿Q的态度是'哀其不幸，怒其不争'，这表现出鲁迅对中华民族命运的深刻忧思。"④《阿Q正传》曾入选人教版的高中语文课本。在通用的高中语文教辅《中学教材全解》中，编者将《阿Q正传》的主旨理

---

① 欧阳祯人（2007）. 中国现当代文学史教程. 北京：北京大学出版社，17.
② 钱理群，温儒敏，吴福辉（1998）. 中国现代文学三十年（修订本）. 北京：北京大学出版社，80.
③ 欧阳祯人（2007）. 中国现当代文学史教程. 北京：北京大学出版社，9.
④ 胡建军，郭恋东（2013）. 中国现代文学作家作品选读. 上海：上海交通大学出版社，29.

解为："小说通过塑造阿Q这个典型，深刻地揭示了阿Q的'精神胜利法'的种种表现和它的严重危害性……启示人们振奋起来，抛弃阻碍自己前进的精神枷锁。"[①]"《阿Q正传》向我们展示了辛亥革命前后一个畸形的中国和一群畸形的中国人的真面貌。"[②] 可见，留学生教材中对文学作品的解读与高中教辅类似，没有跳出传统语文教学的窠臼。

然而，在留学生眼中，阿Q却是千姿百态的。一位在上海求学的美国学生说："《阿Q正传》让我觉得有点糊涂。我不能确定作家想对社会发表什么样的看法，但我们不应对他人的困难或痛苦视而不见。虽然阿Q的动机很多时候也出于自身利益，但是他一生都没有人支持他，鲁迅在呼吁人民积极地改善人与人之间的关系。"这位学生显然将资产阶级的人道主义思想融入了对《阿Q正传》的理解中。一位日本学生谈道："如果未庄是古老中国的缩影，我绝对不想住的，今天的中国多好啊。阿Q的言行很低俗，像无知的小孩一样想做什么就做什么。'言行知分寸'这是小时候大人会教你的。孩子养成不好的习惯，因此可能会受到排斥，因为他不知道跟别人怎样打交道，甚至像阿Q一样会欺负弱者。"日本文化讲求克己恭顺、服从群体意志，这位同学显然将潜意识中的日本文化特征融入对《阿Q正传》的解读中。[③]

再以闻一多的《死水》为例，在面向留学生的中国现代文学教材中，对《死水》的阐释是这样的："通过对'死水'这一具有象征意义的意象的多角度、多层面的描写，揭露和讽刺了腐败不堪的旧社会，表达了诗人对丑恶现实的愤慨和深沉的爱国主义情感。"[④]"黑暗的现实使诗人感到极度的悲哀和失望，他痛恨祸国殃民的反动军阀，又找不到出路，因此写下了《死水》这首充满激愤之情的诗作，为祖国母亲发出了心灵深处的痛哭。"[⑤] 而查阅现今中学语文教师的教案，对《死水》的解读也是"死水象征了当时的黑暗军阀统治下的中国社会"[⑥]"（《死水》）用极度冷漠、憎恨等反面之情来折射极度强烈的爱国主义之情"[⑦]。显然，留学生教科书上的作品鉴赏是以中国教科书的阅读理解为蓝本的。

但是，对于部分留学生而言，他们对《死水》的理解并不止于教科书上的传统答案。一位在四川师范大学求学的利比里亚学生说："《死水》大概是说困难的一种方式，表明作者可以为了自己的国家承受任何的困难。"诚然，爱国诗人闻一多可以为了国家承受一切困难，但仅就《死水》的文本而言，这一解答显然有点偏离主题。究

---

① 丁宝泉（2003）. 中学教材全解·高三语文. 西安：陕西人民教育出版社，63.
② 丁宝泉（2003）. 中学教材全解·高三语文. 西安：陕西人民教育出版社，53.
③ 本段内容参见杨蓉蓉（2015）. 来华留学生对中国现代文学的接受——以上海某高校本科生为例. 文学研究，1.
④ 张玲霞（2008）. 中国现代文学导读. 北京：清华大学出版社，7.
⑤ 金戈，刘蓓蓓（2002）. 中国现代文学选读. 北京：人民文学出版社，128.
⑥ 范金豹（2016）. 我与新课程语文. 合肥：合肥工业大学出版社，58.
⑦ 范金豹（2016）. 我与新课程语文. 合肥：合肥工业大学出版社，60.

其原因，乃与该名学生所处的国家环境有关。该名学生的祖国利比里亚常年处于战乱，经济状况十分萧条。这名学生把对自己国家的感情移植到了对《死水》的理解中，便生发出了承受"国家困难"这一话题。另一位来自南非的留学生谈道："我从这首诗中读出了一种寂寞的情绪。诗人孤独地批判着社会，没有同伴的回应。"这位同学所说的"孤独"亦与南非特殊的国情有关。南非曾为英国殖民地，殖民统治造就了许多社会问题，令南非百姓苦不堪言。老百姓不满于现状，却又对这些社会问题束手无策，久而久之便形成了一种失望与孤独的情绪。2003年获得诺贝尔文学奖的南非作家库切，其小说中正是充满了各种有关"孤独"的命题。

留学生受制于自身的文化立场，对中国现代文学作品做出了超出标准答案范围的解读，这是一个应当引起关注的现象。了解留学生对现代文学作品的真实阅读感受，有助于国际中文教育工作者更好地因材施教，帮助留学生掌握中国文学知识。

与此同时，留学生对中国现代文学作品的多样理解亦对留学生中国现代文学教材的编写提出了挑战。既然文学作品本来就具有多角度阐释的空间（在留学生的视野里更是如此），那么现代文学教材又为何一定要固守旧有的标准答案，而不敞开多种阐释的可能呢？留学生现代文学教材里的"作品鉴赏""作品导读""课后习题"等栏目是否可以做些开放性的调整呢？

三、语言交际能力训练不足

早在21世纪初，就有学者敏锐地指出"对外汉语教学的根本目的是为了培养学生的语言交际能力"[①]。但目前的许多国际中文教育专业现代文学课上，教师更多是在引导学生理解文学作品的创作主题、思想感情，某种程度上忽视了对学生语言交际能力的锻炼。

首先，查阅目前较有影响力的四本中国现代文学留学生教材：金戈、刘蓓蓓主编的《中国现代文学选读》，欧阳祯人主编的《中国现当代文学史教程》，张玲霞编著的《中国现代文学导读》，胡建军、郭恋东主编的《中国现代文学作家作品选读》，除《中国现代文学选读》外，其他教材都设置了与口语训练相关的习题。比如在《中国现代文学作家作品选读》中，编者不但设置了与课文内容相关的思考题，要求学生课堂答问，还设置了"拓展训练"环节，要求学生进行发散思考，在课堂上多角度地阐述自己的观点。而在《中国现代文学导读》中，还有"背诵全诗"这样的练习设置。但是，在实际的课堂教学中，中文教师往往没有将这些口语训练项目真正落实。

根据黑龙江大学有关留学生中国现代文学课程的调查，教师上课的形式主要还是讲解作品主题和写作特色，而与提高口语交际能力更为相关的"同学对课本内容进行

---

① 吴成年（2002）．论对外汉语教学的中国现代文学课．北京师范大学学报（人文社会科学版），6，102.

发言、讨论"仅占所有授课活动的 28%。① 笔者也采访了西南大学一位从事国际中文教育的老师，她谈到在中国现代文学的教学过程中，目前仍以讲授作品思想感情为主，遇到汉语水平较低的留学生，还要给他们详细讲解作品中的基础语言知识，而留给学生锻炼口语能力的时间特别少。当我问及她对留学生进行过哪些提升汉语交际能力的培养时，她说偶尔会让学生们进行课堂讨论，而在很多年前她组织过一次学生们的中文朗诵比赛。

其次，对于中高阶段的留学生而言，提升语言交际能力还包括通过现代文阅读掌握一些特殊词语、句式、修辞的使用方法。在一些文章中，常常出现词类活用的例子。比如《再别康桥》中，"悄悄是别离的笙箫"，"悄悄"本为形容词，但此处却作名词使用，在这首诗歌里"悄悄"的意思是"这个难以名状的静寂"。同样地，在陆蠡的《囚绿记》中，"它渐渐失去了青苔的颜色，变成柔绿，变成嫩黄，枝条变成细瘦，变成娇弱，好像病了的孩子"。此处的"柔绿、嫩黄、细瘦、娇弱"都是形容词活用为名词。像这般词类活用在现代文中较为多见，留学生教材中可以对这些词类活用进行专项注解，但目前几乎没有教材实施这个工作。

在现代文中，还存在一些特殊的句式，掌握它们同样有助于提高汉语交际能力。比如对偶句。《阿 Q 正传》里，鲁迅写道："阿 Q 进三步，小 D 便退三步，都站着，小 D 进三步，阿 Q 便退三步，又都站着。"在此处，作者运用近乎对偶的句式，是为了突出争斗双方势均力敌、难分高下的状态，亦是为了强调阿 Q 和小 D 都是在做无谓且无聊的斗争。在《小二黑结婚》中，赵树理写道："刘家峧有两个神仙，邻近各村无人不晓：一个是前庄上的二诸葛，一个是后庄上的三仙姑。"作者特意用对偶句的方式突出二诸葛与三仙姑均是刘家峧奇特的人物，预告在他们身上将有独特的故事发生。掌握"对偶句"等特殊的汉语句式，有助于留学生进一步提升汉语交际能力，但现今的许多教材都没有对现代文中的独特句式作出专门讲解。

夸张、反语、双关是三种常见的修辞手法，在现代文中也可看到。郭沫若的诗歌《天狗》："我把月来吞了，我把日来吞了，我把一切的星球来吞了，我把全宇宙来吞了……"用极尽夸张的手法表达了诗人对自我力量的肯定。张天翼笔下的华威先生"总是没有时间"，总是忙着开会，但实际上他什么正经的事情也没有做。《华威先生》显然运用了反讽的修辞手法。丁西林《三块钱国币》的结尾，成众下了一盘和棋，表面上是成众的和棋，实际暗指吴太太与杨长雄的争执到此结束。此处用的是双关的手法。然而，阅览目前较有影响力的留学生现代文学教材，几乎没有教材对现代文中的修辞手法作出详细的讲解。留学生没有很好的途径了解修辞手法的运用，这就缺失了一个提高汉语交际能力的宝贵机会。

---

① 参见朱鸿业（2017）. 本科留学生中国文学课调查研究——以黑龙江大学国际文化教育学院为例. 哈尔滨：黑龙江大学硕士学位论文.

综上所述，目前的留学生现代文学教学过于注重对作品中心思想的解读，从而忽略了对语言交际能力的锻炼。一来，留学生在课堂上进行口语训练的时间太少，这要求中文教师想办法增加口语锻炼的机会；二来，留学生现代文学教材编纂比较粗糙，对一些与交际能力培养相关的问题展开得不细致（大部分教材甚至没有展开），这要求今后的留学生现代文学教材编写者于此方面多下工夫。

随着中国国力日益强盛，对外汉语教学的需求量也日渐增大。在这样的形势下，培养综合素质优良的国际中文教师便成了一项迫在眉睫的任务。"中国现代文学"作为国际中文教育专业的必修课程，怎样最大限度发挥作用，更好地服务于国际中文教育事业？这是一个需要学者们不断探索的课题。本文所提出的几点建议只是抛砖，以期更多发微探幽之作。

数字人文的理论与实践

从 1981 年首创文科实验室，到今天加快建设"中华文化传承与全球传播数字融合实验室"，四川大学文学与新闻学院在教育教学改革的实践中，一直高度重视文理渗透的理论与实践，始终走在文化与科学研究交叉的前列，在国家社科重大招标课题及国家社科基金冷门"绝学"专项课题、出版学术专著、建成和在建各级人文典籍专业数据库等方面取得不俗的成绩。为总结经验，进一步推进新文科建设，特别是推动教育教学改革措施的落地，本期我们具体探讨文学数据库建设的理论基础与实践成效，采访了刘福春、周文二位老师，讨论中国现代文献学的"数字化"展望，特邀"中华文化传承与全球传播数字融合实验室"大数据中心执行主任王兆鹏老师和"2035 先导计划"及学科群联络人曾元祥老师展示文科实验室建设成果及未来发展规划。

新诗的道路与现代文献"数字化"的展望

——刘福春教授访谈

刘福春　　左雯雯*

左雯雯（以下简称"左"）：刘老师您好，您一直致力于新诗文献整理的工作。请问您是如何走上这条道路的？

刘福春（以下简称"刘"）：我 1980 年 2 月到中国社会科学院文学研究所。其实去之前，我并不太了解什么是"研究"。我一直想当诗人，我以为在研究所可以继续写诗，但到了那里以后，我才知道这个地方不需要写诗，而是要做研究。我选择诗歌方向，主要是因为我喜欢诗，也喜欢写诗。当初文学研究所现代文学研究室有一个传统，就是主张阅读原始书刊。文学研究所的图书室藏书是很丰富的，现代文学的原始书刊很多，我本来就喜欢书，现在又有这么好的条件，于是就开始了原始刊物的阅读。没过多久，现代文学研究室主持的《中国现代文学史资料汇编》项目需要编撰《中国现代新诗集总书目》，这套资料的其他书目都是集体承担的，当时我是初生牛犊不怕虎，当然也还有一些个性的原因，就独自承担了这一任务。这样我就开始了诗集的搜集工作，也就走上了现代新诗文献整理的这条路。

左：能请您具体讲讲当时的工作状态吗？

刘：因为《中国现代新诗集总书目》要收录原书的细目，必须要见到原书，当时要做的就是跑图书馆。我先查阅文学所的图书室，以此为基础，又去北京的图书馆查找。当时北京的图书馆大部分都去过，在那里读书，抄写目录。后来北京的去得差不多了，我又去了上海图书馆、广州中山图书馆等，最后一共去了 50 多家图书馆，完成了《中国现代新诗集总书目》的编撰工作。除了去图书馆查阅诗集，我还阅读文学所的期刊。好在当时文学所的书刊都是开架的，还可以借走，所以当时我从书架的第一排开始查阅期刊，一本一本地读下去。那时没有计算机，我就用卡片记录下来。每一首诗做一张卡片，内容包括诗歌的题目、发表的刊物和卷期等。

在做这两件事情的过程中，我其实还做了一件事情。因为有一些诗集的信息不完整，比如没有出版时间、没有出版社等，所以我就开始直接与诗人联系。好在当时的

* 刘福春，四川大学文学与新闻学院教授，博士研究生导师，四川大学中国新诗文献馆馆长；左雯雯，四川大学文学与新闻学院汉语国际教育专业硕士研究生。

诗人大多都健在，我就写信去请教。为了准确了解诗人的信息，我特意打印了一个调查表格，写信时寄去一份请诗人填写。这个表格正面是一些基本信息的填写，背面是询问对方还知道哪些出版过诗集的诗人。这些表格寄去后，诗人大多都会填写，然后从表格的背面我又可获悉另外一些诗人的通信地址。这样下来，联系就越来越多。

左：其实工作量挺大的，当时是什么让您一直坚持下来？

刘：当然是兴趣，真的是越做越有兴趣，慢慢也有了成就感。记得有两件事对我的影响还是很大的。一件是 20 世纪 80 年代中期，在重庆开会的时候我去拜访参会的东北师大的蒋锡金先生。蒋先生 30 年代在上海写诗编诗刊，认识的诗人特别多。那次和蒋先生交流的时候，蒋先生谈到的诗人和事情我大多都知道一些，能和他对上话。然后，我感觉自己在这方面还行了。还有一件是 90 年代初，台湾的钟鼎文先生来北京参加一个会议，我到宾馆拜访，然后谈到钟先生当时用"番草"的笔名在大陆写诗的事。钟先生说这些诗他都没有了，我回到家就把我做的卡片找出来，抄了两页他在大陆所写诗作的目录。第二天我把目录送给钟先生的时候，他大吃一惊，问我怎么会知道这么多，而且还说其中有一首很重要，但一直没找到。于是我回到研究所找出杂志，把那首诗复印了送给钟先生，他拿到后非常开心。这两件事让我获得了信心和快乐，当然还有其他的收获，这也就让我坚持下来了。

左：了解到您在做新诗集目录的时候，会记录下诗人的信息。您在后来的新诗史整理中，这些诗人的具体资料是怎样利用的呢？

刘：说到编年史，关于诗人的具体资料用得还不算太多，主要是用在了《中国新诗书刊总目》里面。在《中国新诗编年史》中一些批评的资料用得比较多，重要的诗作的发表和诗集的出版，我都会将当时的批评记录在该条目的下边，因为这样更能呈现这些作品当时的影响。其中也用了一些广告资料。使用广告资料，可能我还是比较早的。

左：在当时，搜集这些资料真的是"动手动脚找素材，上穷碧落下黄泉"，但现在现代史料文献工作的方式也发生了一些新的改变。现在的史料文献研究会运用数字化技术，您对此是如何看待的？

刘：这是一个必然的发展趋势。我一直在思考现在的"数字化"是不是真的"数字化"。现在这样的文献整理是不是真的符合现代数字化的特点。换句话说，就是现在所做的好像还停留在纸质阶段，只是把纸质文献搬到了网络上面，这个真的就是"数字化"吗？我觉得不是，只不过是刊载的媒介发生了变化。虽然在这个方面我是外行，但我在想未来我们是否能够真正利用网络的特点来处理文献。现在很多的"数字化"文献是可以在纸质和网络之间搬来搬去的，而真正的"数字化"应该是无法搬运到纸质的。

我们现在更多的还是停留于纸质时代，所以网络上的资料和纸质版没有多大区别，只是我们查找更方便、更容易了。当然便捷化也是"数字化"的特点，也是它很大的优点。我那个时候查资料必须去图书馆，但现在我在家里也能阅读。

但与此同时，这里面还会涉及另一个问题，就是文献整理对专业性要求比较高，即使是将纸本搬到网络也需要专业的整理，不能只依靠计算机技术。大家都知道，现在一些常用的数据库问题也还是比较多的，比如说索引的错误等。

左： 听说，您在电脑里建了一个"百年新诗库"，包含近百年来近万位新诗诗人的信息。在建设的过程中，您是否遇到过什么问题？

刘： 这是一个夸张的说法，但也不完全错误。我的电脑中有关新诗的各类文献真的还是很多的，像我当时查找新诗史料所做的大量卡片，都存进了电脑。存入电脑前，这些卡片我都是按照诗人编排的，查一个诗人的情况很容易，但要查某一首不知作者的诗的话就查不到。所以我比较早就用上了计算机，那时候对我来说，买了一台电脑不是"荡产"也真是"倾家"了。但有了计算机，资料存储确实容易了很多，而且也方便查找。说起所遇到的问题，其实最主要的还是一个存入的问题。

左： 那建设数据库，您认为哪些元素比较重要？什么是关键因素？

刘： 那肯定是你得有东西啊。你没有东西，怎么建设呢？我这里就还有大量的纸质资料没有扫描整理，现在也正在做这项工作。如果真的将所有资料都扫描录入进去了，那或许还真的可以称为"百年新诗库"了。虽然有点夸张，但也是事实。

左： 最后能请您谈谈对现代文学文献学发展的展望吗？

刘： 这一定是很有前途的。现在这一学科发展的主要问题在于：我们必须得建立一个真正符合现当代文献特色的整理规范。现代文献整理要借鉴古代文献的经验与传统，这当然是没有问题的，但更重要的是要强调现当代文献的独特性。现当代文献中很多种类是古代没有的，而且数量比古代大。那我们怎么整理？这是一个大问题，也是一个新问题。比如，最近廖久明老师在整理郭沫若早期文献中提出了整理标点符号的问题。因为那个时候标点符号使用不规范，那我们现在整理应该如何规范？多大程度去规范？能不能改？多大程度改？怎么改？这都是问题。所以我觉得必须得建立一个符合现当代文献特点的整理规范，要不然太乱了。我们古代没有标点符号，所以有句读，这早已形成整理规范。现当代文献是有标点符号的，存在的是如何规范的问题，所以现当代文献整理面对的问题是不一样的，我们要建立自己的规范。

而现在现代文献整理就是还缺少一个大致统一的标准。廖久明老师还具体讨论了书名号的问题。那时的书名和标题很多都使用的是双引号，现在整理双引号能不能都改成书名号呢？我的观点是不能。因为引号中的文字可能是书名或标题，也可能不是。比如有一首诗叫《沉船》，那么与这首诗相关的文献中的"沉船"一定大多是那首诗，但也有可能就是指一般意义的沉船。如果要改书名号的话，一定要慎重。现在大家似乎都关注大问题，不太注意具体的问题，这是我们学科发展需要进一步完善的地方。我们需要一个共识，需要建立一个基本规范。

数字平台建设与中国现当代文献的收集与整理

——周文老师访谈

周　文[*]　左雯雯

左雯雯（以下简称"左"）：周老师您好，我了解到您有一本专著《以文入史：郭沫若的再选择——兼论1920、30年代文学青年的转向》，其中您将史料文献运用于研究中，运用了大量微观史实考证。请问您在这个过程中是怎么搜集资料的呢？

周文（以下简称"周"）：这其实是我的博士毕业论文，当时在论文开始写作的时候，我更多的还是使用传统的方式搜集资料。所谓"传统的方式"就是去图书馆查阅文献，比如翻阅图书馆过刊室的期刊、民国时期的旧报纸、各种书库等。但是我们都知道很多图书馆特藏书库是不允许拍照的，只允许摘抄，所以需要坐在那里翻阅，然后摘抄相关的文献。同时，图书馆的藏书库开放时间是有限制的，所以如果遇到一篇比较长的文章，就有可能需要抄一整天，那么这种方式的效率显然不是很高。不过，这依然是当时收集文献资料普遍会采用的方式，而且也是我们学术研究的基础。就这样进行了大量的文献搜集阅读以后，我已经大致确定了文献搜寻目标和范围，所以在这个时候，我就开始利用当时正在兴起的网络数据库，进行文献查阅和资料收集。因为有了前面的基础，以及借助了新的搜寻方式，所以写作的文献来源更加广泛，内容更加全面。

左：您刚刚提到了您后面开始使用数据库进行搜集资料。那您能否具体谈谈当时是如何运用数字化手段帮助自己进行搜集的呢？

周：其实民国时期很多的文献受制于当时的印刷术水平和纸张质量，普遍都保存不了一百年，都面临着散佚的情况。当时学界也已经意识到民国文献保存的重要性，所以在我读博士的时候，新技术已经及时地运用到了民国文献的保存和传播中。很多书籍、报刊已经开始进行数字化了，比如微缩、影印等就已普遍运用于文献保护和传播中。而我就正好借助了这个东风，有机会翻阅大量的文献资料。

在数字化开始的阶段，出于广泛保存和学术共享的初衷，学者们分享文献的意识很强，并且网络又提供了一个"物物交换"的平台，所以大家会通过平台分享自己的数字文献，同时也会在平台上搜寻自己需要的文献。这些平台中，影响最大的是新浪

---

* 周文，四川大学文学与新闻学院副教授，硕士研究生导师，主要从事民国文学文化与现代作家作品研究。

爱问共享资料平台，它可以说得上是一代学子的共同记忆了。爱问共享资料上有大量免费的资料可以查阅，很多人几乎每天都会登录，然后查阅相关的资料文献，并及时下载保存。另外，还有很多图书馆、公益项目，他们会短期内允许其他人试用，这也是难得的查阅文献的机会。现在已经被各大高校图书馆长期购买的中文数据库如大成老旧刊全文数据库、超星读秀搜索等，在它们最开始开放试用的阶段，我们都曾尝试。现在这些数据库很多高校图书馆都已购买，学生们用起来也比较方便了，已成为当前研究生搜集数字文献的主要方式。

但我还特别想强调的是，传统的方式仍然不能抛弃。在图书馆翻阅文献对培养"整体感""现场感"，乃至学术兴趣是非常重要的。数字文献呈现的方式是片段的、零散的，这种文献的碎片化很容易让人只见树木不见森林。而且检索的方式直接以结果为导向，很容易使人陷入文献沙海，觉得枯燥乏味。这些潜在的风险，我们也应该看到。另外，除了上图书馆翻阅文献外，传统的购买一样重要，如去淘宝、孔夫子网站上购买一些纸质文献资料。

左：在这个文献搜集整理过程中，您遇到过什么困难吗？

周：我所遇到的困难，主要有两个：第一个就是如何尽可能拓宽获得文献的方法和途径，尽可能广泛地搜寻到相关的文献。所以无论是我刚才提到的试用也好，购买也好，还是通过师友联系书商，在他们那里购买需要的资料也好，我都尽可能多途径地去获取文献。第二个就是获得文献后，如何快速地阅读，并且精准地把握它。因为现在存在不少假文献，所以我们需要去判断和辨别找到的文献，然后选择可使用的、有价值的文献进行研究。比如，原来在网络上流传着一张图片，它是康生与"比目鱼同志"讨论书法的便笺。如果仅从字迹上看，它确实很像康生的字迹，所以许多网友都不加分辨地觉得这张图片的内容是真的，甚至以此来评价郭沫若的书法。但实际上它是假的，它其实是一些书法爱好者运用计算机技术，将康生的字收集起来，然后通过模拟生成出来的。虽然一般人很难分辨出来，但作为一名专业的研究者，我们需要去判断。所以在研究的过程中，我们需要保持这种鉴别力与判断力，尤其对一些来源不清的文献更要保持谨慎。

左：您刚刚也谈到了很多关于数字人文的内容，那么请问是什么样的契机，让您走近数字人文呢？

周：这个其实很简单，当你进入这样一个时代，你自然而然就会去走近它。就像我刚才讲到的一样，几十年前，民国时期的文献就已经在进行数字化了。虽然那时候的数字化还是比较初级的，就是将它扫描成图像，然后上传到网络上，但它确实有利于我们保存文献资料和提高研究的效率。所以在研究的过程中，我非常自然地就接触到了数字文献，并且充分利用它来帮助我进行研究。

左：您一直致力于中国现当代文学的研究，那您认为现当代文学应该如何收集整理数字文献呢？或者说，在现当代文学领域，数字文献的收集和整理又有着怎样的特殊性呢？

周：中国现当代文学领域其实包含了很多的作家和作品，尤其广播、电台、影视、网络等多种传播媒介的大量介入，中国现当代文学的文献可以称得上是多媒介的集合了。除了纸媒之外，还有音频、视频、图片等。面对这些，我们应该怎么保存？这个问题本身就是我们现当代文献工作必须要面对的问题。所以你刚刚提到中国现当代文学研究如何与数字文献结合，它们的结合实际上是一种必然。

中国现当代文学的文献资料具有现代性和当代性，所以天然地、必然地会与数字人文进行结合。比如，如果我们研究余华，那么前段时间关于余华的纪录片《一直游到海水变蓝》肯定就是重要的资料；再比如，如果我们希望学生更形象地理解《冈底斯的诱惑》的叙事圈套，那么马原的采访肯定就是非常直接且重要的影像资料，因为马原在大量的采访中都形象地讲述了创作这部作品的过程。这些资料都很重要，但是它们都不是传统的纸媒文献而是当前常见的数字文献，所以我们必然采用有效的数字化手段，将这些都记录下来。我们只有使用了有效的数字人文手段，才能够更好地保存中国现当代文学的本色，从而促进研究的开展。

左：如果将来要建立一个现当代文学文献数据库的话，您认为建设这个数据库最重要的部分是什么？或者最关键的因素是什么？

周：就像我刚刚讲到的那样，建立这样的数据库，它一定要是多媒介的。它不仅有纸媒，还有音频、视频等。此外，中国现当代文学文献数据库某种程度上来说更应该是一种"平台"。除了刚刚我们谈到的文献资料，这个平台还应该包含现在的教学，以及学生、读者等受众群体的互动，这种互动本身就是文学传播和接受史研究的对象。当前，在技术条件允许的情况下，现当代文学文献的收集和整理在面向作家、作品的同时，也必须面对读者，或者说是受众，记录下他们与现当代的创作者的互动。作家写出作品之后，作品是如何传播的，读者是如何接受的，是如何评价的，这些互动都是很珍贵的，对我们深入研究是非常具有价值的。通过这些数字收集手段，尽可能地保存文学的现场感，正是我们所追求的一个目标。整体上来说，多媒介的资源收集和保存，是现代文学文献数据库建设中的重点和难点，也是中国现代文学文献的特色所在。

左：您刚刚也谈到了数据库的建设，但数字人文也不仅仅是数据库，它还包括许多方面。您认为数字化的工具可以从哪些方面帮助我们解决文学研究的问题呢？

周：就像前面谈到的，发生于中国现代和当代的文学，在某种程度上可以称为"作为事件的文学"，熟悉中国现当代文学的学者对此应该都深有体会。为方便理解，做个简单的类比，当前重要的文学现象的发生与所谓的"舆情传播"十分类似，作品发布后会产生非常庞大的数据。除了发表在文学期刊上的文学批评之外，还有其他读者的反馈，比如当当网、京东网、孔夫子网、豆瓣网上的读者留言等。同时，还有作品的点赞量、阅读量、销售量等信息。这所有的数据都是有价值的，在某种程度上都可以帮助我们走近作家作品，或者帮助我们加深对作品传播与接受的理解。对于这些数据，如果我们用传统的方式，仅仅在搜集上就需要花费大量的时间，而且往往会挂一漏万，不能保证这些数据的完整性和有效性。但如果运用先进的技术手段，比如使用人工智能进行抓取，就能帮助我们短时间内搜集到相关信息，这就提高了我们研究的效率。

同样地，现代文学领域也可以运用数字化。数字化可以帮助我们收集大量文献，进而做定量分析。虽然这些定量分析未必能对研究起到关键性的作用，但它可以作为我们评价的重要指标，或是促进我们思考的重要因素。比如，我前段时间在做关于初期白话诗选的研究，在白话新诗诞生的最初两年间先后出版了三本诗选，这也是目前能够找到的、最早的三本白话新诗选。通过对这三本诗选的定量分析可以发现，在不同的选择标准之下有十首新诗被三本诗选同时选入，虽然这十首诗也不是特别有名的新诗，但可以触发很多思考。比如其中有两首都为康白情所作，其实康白情是白话新诗诞生时期非常重要的人物，他写了很多白话诗，是一个身体力行的新诗实践者。但是在后来的文学史和诗歌史中，对他的介绍其实并不是特别多。所以通过这种量化的分析，在某种程度上我们可以还原白话新诗发生时的诗歌生态。

左：数字人文作为一个比较新的发展方向，它其实对研究者的要求也比较高，您认为使用数字人文进行研究的工作者需要哪些品质素养？

周：谈到"数字人文"这个概念，大家普遍会认为我们既需要文科的素养，也需要理科的知识，大家都觉得这两者之间有一条鸿沟。从表面上来看，确实是这样，因为它确实需要两个不同领域的知识。但从更深层次来看，它并不是一个很难的问题，中间的鸿沟我们是可以跨越的。

从学生的角度来讲，大家的学习能力还是很强的。我曾经带过的学生，当他们处于那个环境之中，经过一段时间的学习后，都能够掌握基本的技术，并运用于研究之中。同时，我们需要掌握的技术，其实是经过长时间沉淀的、已经成熟的技术，这些技术大多比较容易学习和掌握。当然，对于比较难的技术问题，我们也会邀请计算机专业的教师加入，帮助我们一起解决。另外，计算机专业的同学通过学习也可以了解我们文科的内容。比如我们的研究是关于新诗的，虽然他们对新诗的了解并不多，然而通过几次课程的学习，他们会迅速从中学语文新诗教学的框架中跳出来，对诗歌产生新的认识。

从教师的角度来讲，在实践过程中，其实并不太要求我们熟练掌握计算机的超高技术，而是需要在有一定了解的基础上，能够与技术人员有效地沟通和交流。最重要的是，要能够融合各种知识创建新的架构，从而推动研究的进一步发展。简单说来，就是能够清晰准确地向技术人员传达创新意图，并最终协同努力将相关创意落实。

左：刚刚您也谈到我们会寻求计算机工作者的帮助，那么您认为文学工作者与计算机工作者到底应该如何协作？这个模式应该是什么样子的呢？

周：其实经过一段时间的沉淀之后，未来我们可能会和计算机学院的老师一块工作，共同带研究生，共同给研究生上课，共同培养两个专业的研究生，成为深度的合作者。这样深入合作的模式，在未来也许会成为一种常态。

左：除了学术工作之外，您也在进行教学的工作。您认为数字人文能否引入我们的课堂中？

周：当然可以了。我们的核心工作就是教学和带学生。所以数字人文的内容必然要引入到我们的课堂中去，让我们的学生了解并参与其中。关于"数字人文"的引入，在未来我认为主要体现在两个方面：第一个就是我刚才所说的，我们中文系的老师和计算机系的老师需要共同开课，共同培养学生的相关素养，消除他们对数字人文在认识上的误区，以及对技术鸿沟的恐惧。

第二个就是我们开发的数字人文的最终成果，它最终要落实到课堂教学中去。它将是教师为学生上课的平台，可以用于师生互动，也可以像前面提到的一样，帮助学生与当代诗人进行互动。这些都是可以引入到我们课堂中的方式。当然，在这个平台上，未来还有更多方式我们可以进一步探索。

左：其实近些年，数字化技术在不断发展，越来越多的学者也都关注到数字人文，并投身于文学数据库的建设中。您是如何看待数字人文的发展的呢？

周：这实际上体现了大家对数字人文的关注，而且"新文科"建设现在也是国家层面对文科学术发展的战略规划。数字人文的发展，从最开始用拍照或者扫描的方式将文献处理后上传，到后面的建设数据库，将文献转换为数据，相关的理论探索和实践都是在不断向前发展的。

特别值得一提的是，不仅有学者、学术机构致力于数据库建设，还有很多商业公司也参与其中。比如超星、爱如生、瀚堂等，类似的商业公司目前的运营都很不错。它们会将扫描的文献建成一个数据库，比如将《申报》《大公报》等重要的近代报纸数字化，支持按年、按期检索的同时，还支持标题和内容的模糊检索，非常方便，也提高了我们的研究效率。当然，也还是有一些问题，比如存在不少错漏的情况，同时，从某种程度上来讲，商业属性也限制了它们的学术贡献。

当前，更多的高校和科研机构都加入数字人文建设的浪潮，这有利于我们打破文献的垄断和封闭，促进学术共同体的发展。同时，高校和研究机构的学者专业性相对更高一些，数字人文的起点往往也比较高。但整体上它们还处于起步阶段，也存在很多问题。首先是现在各个高校的数据库建设基本各自为政。你在做，我也在做，比如同一份延安时期的报纸，可能会有不止一个学校投入人力、物力在数字化和校对方面，所以最终会有很多重复劳动。其次是没有统一的规范和标准。在当前的学术评价体系当中，数据库建设的价值未能及时纳入。然后特别值得一提的是，数据库建设需要的成本很高，即使高校师生的劳动暂不算在内，所需要的经费额度也远超于传统重大文科项目，而且数据库建设往往需要持续的经费投入，这是一般高校和科研机构难以承担的，导致不少项目都存在虎头蛇尾的情况，所做出的数据库也几乎是不能使用的。

所以，现在我们数字人文的发展还停留在建设数据库的第二阶段。我们现在还有一些亟须面对和解决的问题。这也是四川大学大力支持发展文科实验室的一个重要原因。建立文科实验室，有利于统筹协调各方资源，尤其是得到一些最新技术的支持，使得整个研究的效率提高，从而切实推动新文科建设，将数字人文发展到一个新的阶段。

左：您刚刚提到了文科实验室，听说您也参与建设了这个实验室，那能请您简单介绍一下实验室的相关工作情况吗？

周：为改变当前我国哲学社会科学"有理说不出、说了传不开"的境地，四川大学整合中国语言文学、新闻传播学、计算机软件工程等多个优势学科以及"川大智胜软件"等企业、科研机构，成立"中华文化传承与全球传播数字融合实验室"，旨在融合当今数智时代的前沿科技手段，改进传统人文学科治学方法，提升国际传播能力，开创数智时代的人文科学研究新典范。我所在的数字人文典籍大数据分析实验室主要工作是建设中国文学与文化典籍大数据平台，目前正在进行的是现当代新诗珍稀文献的数字化，就是将这些珍稀文献转变为可用的数据。

左：好的，最后能再请您谈谈未来实验室还有什么工作计划吗？或者谈谈对数字人文未来的发展有什么展望？

周：我现在听到这样一种看法，就是他们认为未来的"数字人文"将会成为一种"数字资本"。一般而言，我们都是从文献到文本，然后又到数字，最后到数据，最后的数据就是我们可使用的状态，然后我们可以随时利用这些数据开展研究，通过计算机的手段进行数据分析，最终得到可视化的信息。那么随着日后的发展，这些就会成为一种"数字资本"。

其实在我们眼中，"数字化"从来都不只是将纸质文献图像化。现代文献数据包括文本、图像、声音，乃至影像等大量复杂信息（3D数据化的地图、画作、器物等），有些文学文本本身就是可视化的、网络游戏化的，因此理想的现代文献数据存储、资料库构建、浏览检索平台、分析解读工具以及研究成果的展现方式也应当是数字化的、可视化的。故而未来我们的规划将致力于建设一套数字化、智能化现代文献知识体系。在支持目录、大系、年表、期刊等传统索引功能的同时，将文献细化为词汇、短语、句子和篇章等层次，依托知识推理等先进的人工智能技术，关联不同粒度知识点，实现知识的精准导航，组建一个无终点的知识网络，同时收纳文本、声音、影像及其他数字信息。另外，其展现方式亦不限于文学文本本身，还包括语义检索、人物传略、人物关系、人物游历、人物迁徙等。当然，相应的学术研究，如社团流派、文艺思潮、文坛学案、文艺论争、地图掌故等深度知识索引亦蕴含其中。

虽然我们现在做的大多是一些基础工作，但我们数字人文的建设会越来越好。我们现在还在这条路上继续前行，但是数字人文未来必然会进一步发展，然后极大地推动学术研究。

数字人文在古典文学领域的应用

——王兆鹏教授访谈

王兆鹏　关静怡[*]

初识数字人文：古典文学领域出现新范式

关静怡（以下简称"关"）：请问您开始数字人文技术与古典文学结合的契机是什么呢？

王兆鹏（以下简称"王"）：数字人文技术与古典文学结合对我来说是一个由自发到自觉的过程，我从1992年开始做古代文学研究的定量分析，偶然接触到计量文献学这个新的研究视角。当时，我偶然看到《学位与研究生教育》杂志，其中一篇论文是研究该刊最近十年来发表了哪些论文、作者来自哪些学校，这引起了我的兴趣，于是试着用这种方法来研究文学刊物。后来我统计了《文学遗产》几十年来论文的分布和论文作者队伍的情况，发现了很多以前根本不知道的问题。完成这项研究后，我开始思考是否能用定量分析方法来研究古代文学本身，于是转向文学史与诗歌史的计量研究。

做数据统计，开始时是人工做，效率很低，后来运用计算机来做，和友人一起开发检索软件。慢慢地就熟悉了计算机相关技术，特别是数字技术。

2011年，我产生了做数字化文学地图的想法，以解决研究资料分散和文学时空分离的问题。于是进一步跟数字人文亲密接触。我做数字人文研究，是以问题为导向，有着强烈的内在需求，不是因为数字技术是时尚潮流才参与其中。

关：能否请您谈谈在古典文学领域，应用数字人文技术已取得了哪些研究成果？

王：目前，真正有革命性意义、里程碑意义的成果并不多。学者们发表了一些论文，但在文学研究领域，讨论数字人文技术的人很少。这是因为，做数字人文要有两个条件：一个是平台，一个是团队。平台靠个人是做不出来的，必须组成学科交叉的团队合作构建。团队必须将人文和数字技术这两个方面结合起来，只有人文学者是做

* 王兆鹏，四川大学文学与新闻学院教授，博士研究生导师，主要研究唐宋文学和数字人文；关静怡，四川大学文学与新闻学院汉语国际教育专业硕士研究生。

不出平台的，仅有数字技术人员也做不出平台。现在数字技术刚刚起步，平台里产生的数据利用率还不够，运用数据来阐释文学现象的还不多。

我的团队产出了一批研究成果，我们研发了唐宋文学编年地图平台。在此基础上，我们将进一步开发为知识图谱。地图只是一个基础，未来我们会把古代文学研究的内容都充实在这个平台上，这样能产生更多数据，平台是产生数据的工具，帮助我们去挖掘数据、提取数据。我们获得的数据越多，今后发现的问题就会越多。但现在平台的数据，还不完备。等到挖掘提取的大数据比较充分完善时，我们看到的文学历史景象，肯定与现在大不相同。

数据量化文学影响力：还原文学时空分布

关：数字人文技术在哪些方面为古典文学的研究提供了帮助？

王：数字技术，首先让我们检索文献和利用文献更省时方便，其次是提取的数据更全面准确。

1994 年，我发表过一篇定量分析宋代词人历史地位的文章，是用数据来衡量词人影响力的大小。我们通常认为，词史上苏轼、辛弃疾影响很大，周邦彦、欧阳修影响较大，但这些都是描述性与感悟性的。现在可以用数据，将"影响力"的大小进行具体的量化衡定。当年做的数据，主要是人工采集。随着数字人文技术的发展，可以用计算机自动提取挖掘数据。

我们衡量词人影响力的指标主要有四个：一是作品数量。旨在考察词人的影响力跟他们的作品量有没有关系，作品数量越多词人的影响力是否就越高，等等。二是词集的版本数量。一本书印了一百万册，其影响肯定比印十万册要大，因为读者面更广、人数更多。对于古代词集，我们已没法去追寻了解它的印数，但可以根据其版本数来考察社会需求量和受读者欢迎的程度。三是词人被哪些人评价过，被评价的次数越多，表明其知名度越高。四是当代学者的研究频次，是研究苏轼的论文多还是研究辛弃疾的论文多，是研究李清照的多还是研究柳永的多？我们可以用这类数据来衡量一位词人在当代学者中的影响力。

数据统计表明：辛弃疾影响力第一，苏轼第二，辛弃疾的影响力在词史上比苏轼要高一些。而这一统计结果，与我们通常的印象不同。唐代诗人，习惯上是李杜并称，李白在先而杜甫在后；宋代词人是苏辛并称，苏在先而辛在后。名字的排列次序，其实也是一种影响力大小的排名。而统计数据表明，应该是杜甫的影响力比李白大，辛弃疾的影响力比苏轼大。

关：您认为数字人文技术在古典文学研究观念上有什么更新？这种新的研究观念与传统的古典文学研究理念相比有哪些优势？

王：第一，数字人文的应用带来"时地并重"观念的确立，即研究文学史，既要注意时间，也要注意空间地理环境。以前受技术方法和纸质文本的制约，时间序列与空间序列无法兼得，从而导致文学史研究时间与空间的分离。现在，数字平台提供的容量是无限的。我们利用数字技术建立的唐宋文学编年地图平台，可以同时呈现时间和空间，从而实现时空同步。

确立"时地并重"的观念后，我们思考问题时，既要将其放在一个特定的时间里思考，也将其放在特定的空间里观照。比如苏轼的《念奴娇·赤壁怀古》词写在湖北黄冈赤壁，我们就要进一步思考赤壁这一地点对作品的意义。

第二个观念叫"全时空概念"。从时间上看，从前文学作品创作的时间具有模糊性，今后我们应细化时间的粒度。并且从前学者只研究一些重要的年份和人物，比如研究盛唐诗歌时，只注意李白、杜甫、王维、孟浩然等著名诗人，其实盛唐有两百多位诗人，大部分诗人的作用和意义都被无视和忽略。"全时空"就是要研究每一个时间点、每一个空间里哪些人是有影响的而且是活跃的。无论中小人物还是大人物，都要放在一起观察研究，以还原历史的原生态，呈现文学动态的变化，展示文学的丰富性、层次性、复杂性。

数字人文的应用：技术与文学缺一不可

关：您在将古典文学研究与数字人文技术结合实践的初期有没有遇到什么困难？您又是如何开展数字人文技术与古典文学研究相结合的工作的呢？

王：最大的困难是不懂技术，需要寻找既懂技术又懂文学的人来与我们合作。而懂文学又懂技术的复合型人才很少，这样的复合型人才，可遇不可求。不过，只要心诚，决心做好一件事，总会遇到称心的合作伙伴。搜韵网的创始人陈逸云先生，精通技术，又会写诗词，懂文学。我与他的合作就很愉快，也很有成效。我知道技术能帮助我做什么，而他又能了解我需要做什么。我提出具体的功能要求和提供相关文献资料，他做技术开发，实现我的功能需求。

关：在数字技术还未广泛应用以前，我们使用了很长时间的传统古典文学研究方法，您认为在数字人文技术与传统的古典文学研究观念转换的过程中，我们如何面对新旧两种研究观念的冲突，以及如何协调二者呢？

王：关于新旧观念，如果把传统方法称为旧方法，数字人文称为新方法，则新旧二者之间是互补的而不是对立冲突的。

在研究方法上，传统方法具有不可替代性，我们不应让老一辈的学者产生危机感。新方法与旧方法的结合能够呈现1+1＞2的效果。数字人文产生数据，而数据是定量的，我们最终要对数据进行定性分析。未来人文社会科学研究的趋势就是定性与定量分析的有机结合，因此，数字人文这个新方法是对传统人文研究方法的补充与完善，两者之间并不是非此即彼。

这是一种学术的进步，传统方法继续有效，但我们也不能抱残守缺。刀耕火种的农业延续了几千年，但随着时代的发展，新兴农业也使用了无人机与北斗导航，大大提高了生产力。文学研究者也应该学会运用现代技术方法，推动学术研究的进步。

建立数字人文意识：推动中国文化全球发展

关：作为一种新的研究古典文学的方法，能否请您为初学者提供一些研究方法和研究角度，以促进更多青年学者参与数字人文技术之中？

王：首先，建立数据化的概念。同学们可以在论文写作时选择容易找数据的选题，从定量分析开始对一个作家进行量化，例如他作品的时空地域分布，这是比较容易入手的。

其次，建立可视化概念。可视化是将数字技术与我们的文学作品结合起来，以及利用数字技术进行文学作品的场景还原。VR 技术就可以帮助我们进行场景还原。我们文新学院建有数字人文实验室，大家可以利用其中的设备来开发古代文学的 VR 产品，强化文学作品的沉浸式体验。

关：最后，请问您对古典文学研究中运用数字人文技术在未来有什么展望和计划呢？

王：我们目前规划的是做中国文化的全球传播。但文化的范围很广，需要分步实施。我们计划先建设全球最大的诗歌平台。目前，诗歌平台已搜集一百多万首中国古典诗歌，正在整理五四以来的新诗作品和汉译的外国诗歌作品，我们将把古今中外的诗歌汇到一处，全部融合为一个诗歌平台。

诗歌作品搜集到位后，再进行中外诗歌融合比较。从纵向看，随着外国的诗歌传入中国，中国新诗必然会受到影响，可将这些诗歌融合以看到彼此的联系。从横向看，可以在一个时间段内对比诗歌，比如在 1921 年这一年中，对比中国诗歌与外国诗歌如何同步发展。

诗歌在对外传播过程中被翻译成不同的语言。不同译本也将放在一起对比。以后收集的作品文本越多、数据越多，发现的问题就会越多。我们将建成全球最大的、功能最全的诗歌网站，以推进中国诗歌和中国文化的全球传播。

数字人文新范式及实验室的发展与应用

——曾元祥老师访谈

曾元祥[*] 关静怡

初入数字人文领域：人文学科迎来新方法

关静怡（以下简称"关"）：请问您进入数字人文领域是一个什么样的契机呢？

曾元祥（以下简称"曾"）：我最早接触到数字人文是 2011 年读硕士期间，我硕士所在的武汉大学信息管理学院邀请了北京大学中文系一位老师举办了一场有关数字人文的讲座，这使我对这个领域产生了极大的兴趣。数字人文，也称人文计算，其实是思维范式的一种重大转向，尤其是在人文学科领域，我们的文献、语言、文化研究以及语言文本、文学文本的研究都可以用计算机来辅助。从前，阐释学、诠释学、文献学研究等都需要我们深入到文献文本当中，通过个人的通读、理解以及分析比对后，才能得出研究结论，还原文学、历史、语言、艺术等领域中作品文本的背景以及文本背后的意义。在采用数字计算技术后，能够把这些人的分析过程计算机化、数据化。应该说数字人文掀起了人文社会科学研究范式的根本性变革。

我第二次突破对数字人文的认知，是在阅读完一篇由一个欧洲数字人文团队发表的论文之后。从前我们对数字人文的认知主要停留在它能够将文献数据化、可视化，但这篇论文给我的认知带来颠覆性的改变。在这篇论文中，学者基于对欧洲中世纪时期将近 300 种历史文献的数字化，在此基础上建立了一个分析模型，用客观的数据呈现了欧洲中世纪时期温度变化与犹太人人口数量变化的关系。我读完这篇论文后感到非常震撼，同时我也开始思考如何将数字人文应用于人文学科领域。

关：能否请您介绍一下过去开展过的数字人文项目？

曾：我博士期间所在的团队成员跟中华书局开展过一个重大项目，内容是二十四史的数字化。这个项目前后花费了十年的时间，但仅仅只做完了三国史。这个项目，我基于历史领域的本体库构建，构建了融人物、时间、地点和事件于一体历史文献最基本的本体关系网络，以此对历史文献进行数字化标引及可视化加工。例如，输入

---

* 曾元祥，四川大学文学与新闻学院副教授，主要研究数字出版、数字阅读和科学交流与学术出版。

"曹操"后，就可以基于数据库中存储的所有有关曹操描述的文献文本，分析并同时可视化呈现其活动的时间轨迹、地点轨迹、人物关系等。在构建了历史领域本体后，通过技术挖掘文献史料背后的事实。在这个项目的基础上，我们又从历史学的领域本体拓展到了中小学教材的本体，做了科技部科技支撑项目"基于语义的动态数字出版服务平台研发与应用示范"。

进入数字人文实验室：推动研究新范式应用

关：现在我们四川大学建立了自己的数字人文实验室，请问在建立数字人文实验室时，您的初衷和构想是什么呢？

曾：我个人在研究生课堂上讲授"数字出版与技术"课程时有一个专题是"数字人文"，从语义出版这个角度去讲。语义出版是数字出版的一种新形态，数字人文底层的数据就得益于语义技术的发展。语义技术在 2010 年前后已经发展得比较成熟了，当时爱思唯尔做了一个语义出版项目的实验，并拍摄了名为 *The Article of the Future* 的宣传视频，视频中详细描述了未来的论文形态，包括三维模型跟地理信息系统的结合、图片可放大缩小、视频及语音的嵌入以及可视化的展现等。

爱思唯尔所描述的语义出版这个项目，其实就是今天数字人文的研究中要实现的东西，也能够给我们的学术研究带来方法上的革新。如今我们建立自己的数字人文实验室，同学们可以通过参与数字人文研究，学习学术研究新的范式和方法。

关：数字人文逐渐成为人文社会科学研究的一大趋势，其实很多同学对数字人文了解并不多，您能否为初接触这一方法的学者介绍一些进入数字人文领域的方法呢？

曾：第一，初学者可以通过阅读国际和国内的数字人文的学术期刊，建立数字人文的意识，我建议以实验室的名义长期订购国内外几本专业刊物。第二，参观学习国内优秀的数字人文团队。例如北京大学的数字人文中心、中国人民大学的信息资源管理系，以及武汉大学的数字人文研究中心。除此之外，复旦大学、北京师范大学、南京师范大学等高校都设有数字人文研究中心，尤其是复旦大学的东亚语言数据中心，其团队曾在 *Nature* 上发表过论文。同时，借助平台、知识图谱、文本挖掘等方法辅助研究数字人文，学习一些数字人文课程。第三，学生在没有知识基础的情况下，我们可以举办暑期的方法训练营，直接面向本院或者本校的学生，还可邀请国内外的重点团队举办讲座进行交流。此外，一定要形成持续性关注。我建议感兴趣的同学组成学生团队，参与数字人文全球追踪简报的编辑，关注数字人文最新成果，同时也可以摘编数字人文重点期刊形成汇编，慢慢形成我们实验室的积累，从而转变人的思维。

数字人文实验室发展：挑战与机遇并存

关：在建设数字人文实验室过程中有没有遇到什么问题，以及在未来我们的实验室会面临什么挑战？

曾：在建立数字人文实验的过程中确实存在一些问题和挑战。第一个就是缺少人的问题。无论是教师还是学生，一个实验室没有人进入，那么实验研究就无法进行。第二个挑战就是要转变研究范式的思维。我们需要从纯粹的人文研究范式转向计算机化、数字化的研究范式。传统的人文研究范式在思想的深度以及对人的思想的启发上具有无可替代性，但人的记忆和计算能力毕竟是有限的，在还原一些基本的历史现状以及客观、量化、可视化呈现论据等方面，计算机比人更适合，其更能基于大数据分析还原客观的事实，因此数字人文在历史、语言、文献等领域得到了广泛的应用。所以我想实验室如果要进一步发展，我们需要认识到数字人文研究范式的研究特点和优点。

同时，在这里给同学们推荐几本书，一是《数字化的生存》，二是《数字化崇拜》，以及 2004 年出版的《数字人文》，国际上也有一本数字人文期刊 *Digital Humanities Quarterly*。其中介绍了很多很新的数字人文项目，比如威尼斯的城市时光机，学者通过数字人文虚拟化地还原了古代威尼斯的城市面貌。

关：随着数字人文技术的发展，以后会在学术领域占更多的比重，您认为在这个过程中数字学者与人文学者进行研究时是否会发生冲突？我们该如何协调两种不同领域的学者的合作呢？

曾：这两个领域的学者主要存在理念的差异，因为计算机不具备人的思辨、人文的情怀和关怀。但两者之间的关系并不是非此即彼，数字学者通过数据得出结果，而结果背后的社会的根源则需要人文学者的思辨能力去做推论，这就是这两个领域学者的结合。

我们进行任何数字人文的项目首先要建立起文献之间的关系，需要人文学者和数字学者共同努力才能实现。例如历史文献领域本体，是由人文学者提炼时间、地点、人物、事件这 4 个核心概念体系；在此基础上，数字学者再将其转换为计算机的算法来对文献进行加工、标引。所以我们既需要人文学者的学科知识储备，又需要数字学者的计算能力，我想两个领域更多的应该是合作而不是冲突。

数字人文大浪潮下：为实验室发展建言献策

关：能否请您谈一谈，我们如何发展数字人文实验室？

曾：首先，善用商业化机构的技术资源。数字人文起源于 20 世纪 90 年代，以欧洲和美国为代表。欧洲和美国很多大学的数字人文团队已经开始商业化。我们实验室在推进数字人文，尤其是推进中华文化典籍数字人文项目的时候，可以借助一些商业化的机构的技术资源合作完成，他们提供技术和设备，我们来提供思路想法和资源。

其次，让更多学生参与进来。我们在做中华书局委托的项目时，就是依托武大历史学院的本科生和硕士生做文献的分类和标引工作。目前很多历史文献典籍没有断句，即使现在人为断句，也会出现一系列计算机难以检测的问题，如上下文语境下主语判断等，所以我们需要人参与计算机学习。学生就可以参与这项工作，实验室想要发展，一定要带动本科生和硕士生，这不仅能锻炼同学们阅读文献的能力，还训练了他们分类、标引和描述的专业能力。

对于我们的数字人文实验室，领域本体库的顶层设计由专家完成，中间的数字化委托商业化公司，复核工作由同学们参与，三位一体，这样就能调动各个方面同步发展。

关：最后，想请问您对我们川大数字人文实验室在未来的发展想法是怎样的，有什么展望和计划？

曾：第一，要解决人的问题，人是最根本的要素，我们要吸引更多同学加入数字人文实验室。

第二，我们要解决实验需要的科学装置问题，在软件方面，我建议以实验室的名义订购一些正版的大数据分析、可视化的软件。最终评价实验室成效的是产出的成果，如果使用盗版或开源的软件，其结果的正确性有待考量，可能会闹国际笑话，因此需要正版软件配置。在硬件方面，实验研究一定要有科学实验装置，而且这种装置一定是大型装置，目前我正在采购数字化的扫描仪。除了全数字化扫描仪之外，还需要建立大数据分析工作站，配备计算能力更高、配置更好的设备。同时，从结果展示层面来说，我们应该配置一些可视化的工具，但目前还缺少一些基本的规划。

第三，在配有基本工具的基础上，我们要有一些重点突破的课题，即我们应去培育一些科研实验项目。目前学校"创新2035"先导计划"中华文化全球传播与文明互鉴研究"正在做这项规划。这个培育应该明确限定，一定是基于在实验室的科学实验研究的培育项目。

第四，建立长远规划。对数字人文实验室来说，如果我们要做实验研究，那么一定要先进行文献资源数字化，而这种数字化并不是一朝一夕就能达成的。之前提到的中华书局的项目，十年之功也仅仅完成三国史的数字化，因此做大数据需要一个非常长远的规划。如果没有把传统文献资源转化成可计算的数据资源的基础是做不成研究的，一味借用目前已有的开源数据库，个性化的研究设计限制非常大，研究的创新性也受限，我们还是要有自己的独特资源。

总的来说，在未来的发展中，最重要的就是先解决人的问题，再解决基本的软硬件配备的问题，继而用一些具体项目带动，我们最终的目的就是要收集独特的资源，产出独特的成果。

"大文学"与文学教育

主持人语

李俊杰

四川师范大学

为了探讨"新文科"语境下文学教育在跨学科教学实践中面临的诸多机遇和挑战，我们邀请了在文学教育与多学科互动中有实践经验的学者，以"大文学理念下的中文教育观念探索"为题，进行笔谈。

我们的目标是结合"大文学"概念，大视野，宽通道，多学科交叉，不局限于在传统语言文学的定义中来思考中文教育，即在"视域融合"的学科互动思维中，结合高校教育特点中的"专业"与"博雅"，面向笔谈者所在院校专业方向的特点和中文教育的反思与实践，兼及中文教育在学科融合之中何以与世界文明交流共生，考虑新文科时代中文教育的发展问题。

浙江传媒学院赵思运老师和四川师范大学靳彤老师，以"大文学"视野下传媒类专业文学教育问题和新文科背景下师范院校的中文教育改革为题，针对与文学专业关联最为紧密的新闻和教育两个方向，进行探讨。赵思运的新的"大文学观"建设和写作教学的尝试探索，针对传媒类专业的中文教育提出了新的鲜明的观点。靳彤以"破壁"与"融通"为题，讨论了基础教育改革中"跨学科"的要求决定了中文教育改革需要"破壁"，提出以"融通"为基本理念，以基础教育语文课程建设及语文教师专业素养提升的需要为依据，进行师范中文教育的课程建设。

清华大学人文学院写作中心张芬老师，根据学校特点，说明科学专业中文写作课程的探索与实践，提出"大文学"视野下中文写作教育的探索实践对于培养科学人才的重要性。重庆大学的袁继峰老师从国际中文教育学科定位、学科发展以及学科理念等几个方面讨论"大文学"理念如何与中文教育相结合，为传播中国文化起到积极作用。

对外经济贸易大学的赵静老师、扬州工业职业技术学院的杨佳韵老师和四川师范大学的李俊杰老师，分别从通识课程如何与本校教学实际相关联、如何将通识教育应有的功能和价值在"新文科"语境和"大文学"学术路径中加以明确和发展，提出了各自的见解。

这组笔谈，涉及传媒、教育、科学、经贸、工业等学科与文学教育的融通与互动，展示了教学改革和探索的现场，说明了对现阶段教育实绩的反思，希望借此与学界讨论并对这一话题做进一步的研究。

"大文学"视野下传媒类专业文学教育刍议

赵思运

浙江传媒学院文学院

传媒类专业的开设开始于 20 世纪 80 年代。最初是在中文系里增设新闻学专业，或者增设汉语言文学专业（新闻方向）。"据国家教委 1988 年统计，全国现设有新闻专业的高校有 48 所，比 1983 年制定《新闻教育发展规划》时的 15 所增加了二倍还多，而其中由汉语言文学系设置的占三分之一以上。这种把新闻专业包含在语言文学系内，与语言文学专业共同承担新闻教育任务的教学结构在世界其它国家没有；在我国历史上也无先例。"[①] 后来在新闻学专业中，又分化出来并独立建制为传播学。随着新闻传播学一级学科的发展，相关的传媒类专业越来越丰富，如新闻学、传播学、广播电视学、广告学、编辑出版学、数字出版、时尚传播、网络与新媒体、播音与主持艺术。新闻传播学一级学科与中国语言文学一级学科，均属于文学学科门类，具有天然相同的文化基因。

另外，随着艺术学科的发展，艺术作为学科门类也从文学门类中独立出来，予以独立建制。但是，艺术与文学的内在关联是不可能切断的。艺术学科门类建制以后，戏剧与影视学相关专业如广播电视编导、戏剧影视文学、戏剧影视导演、影视摄影与制作、动画，甚至美术设计类专业如数字媒体艺术、新媒体艺术、跨媒体艺术等，也打上了鲜明的传媒色彩，同时也蕴含着深厚的文学内涵。

基于此，在传媒类专业中进行文学教育，并不是一种所谓的"术"与"器"的需要，而是为传媒类专业夯实深蕴的文化之"道"与"基"。那么，如何处理传媒类专业课程与中文专业课程之间的关系，就成了专业建设的逻辑起点。在 20 世纪 80 年代，新闻专业的课程设置一般以汉语言文学课程为主。后来，随着专业办学经验的积累和专业成熟度的提高，新闻传播类课程逐渐增加比重，成熟度越高的传媒类专业，脱离中文专业母体的程度也就越高。

据调查，目前传媒类专业的中文教育在课程设置上有两种类型。第一种类型是在汉语言文学专业基础上新开设的传媒类专业，由于办学经验积累不充分，所以比较重视传媒类专业与汉语言文学母体之间的内在关联，强调传媒类专业的语言功底和文学

---

① 孙恭恒（1989）. 试论新闻专业和汉语言文学专业的关系. 山西大学学报（哲学社会科学版），4.

功底，汉语言文学专业的主干课程如现代汉语、古代汉语、文学概论、中国古代文学、中国现当代文学、外国文学、写作等都在传媒类专业的教学计划中做了安排。这种类型的传媒类专业，过度强调汉语言文学专业母体，挤占了传媒类课程的容量，会导致传媒类专业课程和选修课程空间狭窄，影响课程群的丰富性和专业特色的锐化，因此，有必要对中文类课程进行"瘦身"处理。关于语言基本功和文学史常识，在中学阶段就应该较好地掌握，进入高等教育阶段，似乎没有必要开设现代汉语、古代汉语等语言类专业课程，也没必要开设文学概论、中国古代文学、外国文学等文学类专业课程，毕竟传媒类专业不是汉语言文学专业，他们需要聚焦于新闻传播理论的系统学习与传媒实务的系统训练。

第二种类型是成熟度相对高的传媒学院或传媒院校，更加注重传媒类专业的独立性，强调新闻传播学基础理论与新闻传播实务，注重训练实践技能与应用能力，与汉语言文学专业母体的关系越来越淡化，有一种"文化断乳"的趋势。"文化断乳"的结果就是开设的文学通识课非常少，而且学生也不够重视。这种情况在综合性高校的"新闻传播学院"或传媒类专业院校中尤其明显。这种类型的传媒类专业，一般开设中国现当代文学史课程或中国现当代文学作品选读，而且由汉语言文学专业教师讲授。如果侧重于文学史的系统介绍和重点作家作品分析，更多地体现中国语言文学的学科属性，那么效果肯定不会理想，学生也会产生拒斥心理。如果中国现当代文学作品选读只停留在一般意义的文学欣赏行为，学生的兴趣也不大。

因此，在处理传媒专业课程与中文专业课程之间关系的时候，要做到"有所为有所不为"，那就是：放弃一般意义的语言类课程和文学史常识课程，也放弃系统的文学史学习。那么，文学教育到底要教什么？我从"道"和"器"两个方面谈一点想法。

文学教育之"道"，在于深入探讨文学所蕴含的人文精神与审美精神。人文精神包括生命与人性、勇气与担当、尊严与责任等；审美精神包括艺术感悟、审美娱乐和创造性思维等。这种人文精神与审美精神是功利主义和技术至上思潮的有效解毒剂。在消费主义流行的快餐阅读时代，在图像视频的碎片挤压文字思考的娱乐至死时代，"慢阅读"和"深阅读"显得尤其重要。"慢阅读"就是细读，通过细读释放文学作品的情感魅力、人性魅力和艺术魅力。"深阅读"则是意在提升思维含量，培养批判性思维和反思性思维品质。文学之美虽然以文字为载体、以知识为载体，但是文学之美毕竟不是工具理性的结果，而是呈现出生命的感性形态，因此，文学教育之"术"在"非知识化"教学，要放弃知识形态的讲授方式。温儒敏曾说："比较突出的是理论和史讲得多，上文学课实际上是跟着文学史读作品，容易造成观念先行，难得培养起文学感觉和想象力，压抑了创造性思维。"[1] 文学教育应该是开放性的，由文本向自我开放，向现实开放；由文学向历史开放，向哲学开放；由课内向课外开放，向多种媒介开放。我们必须放弃观念的灌输，而在人的生命感性形态中让学生完成自我发现、自我确证与自我启蒙。文学教育的关键不在讲授，而在"翻转"与"激活"，因为文学教育之"道"在于引导学生通过文学来健全自己的精神生活，建构对于现实世界的认知。

相对来说，中文师资的学术结构比较注重"精"与"专"，而传媒类师资更加注重"博"与"杂"。因此，中文师资在给传媒类专业学生讲授文学课程的时候，急需改变观念，放弃中国语言文学学科的范式、框架和方法，做好专业交叉，视野融通，建构一种"大文学观"。艾布拉姆斯在《镜与灯》一书中提出的文学四要素——世界、作者、作品、读者之间的双向关系本身就是主体与客体（受体）之间的一个动态信息传播过程。在传媒类专业的文学教育中，讲授的专业视野和学科视野需要将文学的触角适当延展到新闻传播学科领域与传媒业界现场。我认为，采取综合性专题授课方式，彰显大文学观，应该是一种极佳的教学理念。兹以中国现当代文学课程为例，简单介绍其中的 10 个专题：

（1）新文学的发生与开端。可以抓住以下几个要点展开：以《天演论》（赫胥黎的《进化论与伦理学》）在中国的译介与传播为例，讲述西方知识观念对中国文学的促进；1908 年《钦定宪法大纲》规定了言论、著作、出版等自由，为文学活动和创办报刊提供了法律保障；清末民初的社会巨变，使知识者的传统地位和角色发生转换，出现了知识者为主体的自由撰稿人队伍和职业作家群；具有大众化、平民化、民主特征的现代出版业逐步兴盛，文学的平民化、大众化价值取向建立，使传统的文学接受主体发生变化，文学成为民众文化参与的工具，培养了多样化的读者群；晚清文学观念的变革、古典文学的式微、白话文体的语言媒介革命，导致传统文学产生新的质变。

（2）五四新文化运动。以现代媒介为切入点，聚焦于一本杂志《新青年》，辐射出五四新文化运动的基本面貌。

（3）左翼文艺代表作《子夜》。可以引进新闻传播学的框架理论，讨论《子夜》的生产、传播与接受，探索文学经典的建构机制，释放左翼文艺的艺术魅力和时代意义。本专题很好地渗透了课程思政的元素。

（4）从《边城》到《受戒》。细读沈从文的《边城》和汪曾祺的《受戒》，感受文学的意境美、语言美和人性美，讨论文学在培养健全的人性人格方面的积极作用。沈从文和汪曾祺在西南联大时期建立了师生关系，从 20 世纪 30 年代的《边城》到 80

① 温儒敏（2007）.大学的文学教育与全球化背景下的本土人文教育——温儒敏教授答纽约大学学生访谈. 北京大学学报（哲学社会科学版），1.

年代的《受戒》，关于人性表达具有鲜明的内在连续性，但是二人在文学史上的接受却完全不同。这个专题可以带给我们关于文学的、历史的双重思考。

（5）新中国文艺体制的形成。讨论新中国文艺体制的形成的主要渠道和元素，如通过"代表大会制度"，传达贯彻党的路线、方针、政策，统一思想，制定规划，矫枉纠偏；"文学研究机构的设置"，集中表达了国家对文学研究的规范，学术体制与国家意志紧紧联系在一起。"文学团体"虽然是民间的群众组织，但实质上它落实了国家对文艺领域的领导；"传媒作为文学生产资料的国有化"，使报刊、出版社、广播影视等成为国家文艺体制的组成部分；作家的自由职业身份也随之转化为体制内人员。

（6）《青春之歌》的接受。讨论红色文学经典《青春之歌》的生产与传播，可以引导学生搜集资料，比如出版过程、出版数据、读者分层接受、读者争鸣、电影和舞台改编，还原 20 世纪 50 年代历史语境，既获得专业方面的思考，又具有课程思政的效果。

（7）《白鹿原》及影视改编。讨论小说和电影之间的"媒介间性"，引导学生形成批判性思维，培养历史反思能力。

（8）当代文学的域外传播。以莫言、余华、贾平凹为例，搜集中国当代文学海外传播的材料，进行梳理，通过讨论中外接受的异同，形成中国文化海外传播的建议方案。

（9）80 后青春写作。讨论 80 后的文化形态与生成、青春写作的价值与局限、青春文学的商业策略与消费文化、杂志书（MOOK）的文化创意，培养辩证思维。

（10）诗意的栖居。讨论现代物质社会"诗意"的缺失和精神困境，寻找"诗意"的意义。

这样设计 15 至 20 个专题，就可以较好地实现中文与传媒专业的交叉、中国语言文学与新闻传播学学科的融合，并且深植于中国本土文化语境。虽然放弃了文学史的完整性，但是在更宽阔的文化视野中建构起一种大文学观。

这种大文学观的建构，还体现在写作课程上。传媒类专业的写作课程，与中文专业相比，具有鲜明的传媒特色。传媒类专业的写作主要并不是文学性的写作，而是更强调应用性与创意性，更具有鲜明的现代媒介意识。除了传统意义上的新闻写作和公文写作这类课程以外，还应该进行创意写作、多媒体写作、网络文学写作、非虚构写作、文化创意策划与文案创作。新媒介的介入，对大文学观的创造性外化与呈现，起到了为虎添翼的作用。比如，浙江传媒学院于 2021 年正式投入使用的全国首家"网络文学影视化创意与制作实验室"即是特别有意义的实践平台，这个平台意在探索新媒介语境下新型创意写作工坊制度。该实验室包括四个中心，即网络文学影视化创意与制作 VR 虚拟体验中心、网络文学影视化创意与制作文献和数据中心、网络文学影视化创意与制作视听体验和教学中心、网络文学影视化创意与制作成果孵化中心。该实验室立足于网络影视剧的内容生产和创意转化的实验实训实践，培训内容包括创意策划、剧本写作、短剧制作、VR虚拟语境的体验式写作、人工智能写作、剧本重复度与优质度检测、在线评论的大数据分析、优秀剧本数据库、剧本IP预测等。

"大文学"视野下传媒类专业的文学教育，不仅是一种理念，更是一种实践，执教者需打破专业壁垒和学科局限，克服学术惰性和思维惯性，不断更新自己的知识结构和认知框架。这不仅有助于传媒类专业的文学教育，反过来，这种大文学观也必然促进中文专业教学和中国语言文学学科的发展。

融通与破壁：新文科背景下师范院校的中文教育改革

靳 彤

四川师范大学基础教育研究院

高等师范院校汉语言文学专业的主要责任是为中小学培养语文教师，汉语言文学相关学科成为与中小学语文课程建设直接相关的学科。然而，随着学科的发展，汉语言文学专业毕业生似乎越来越难以满足中小学语文教育的需求，也很难在短期内做好一线语文教学。经过四年师范院校中文教育专门培养的毕业生到中小学后，都会被指派一位"师傅"，一对一指导。这种指导不仅仅是教学方法的指导，也包括教学内容的指导和知识结构的补充完善，经过一轮的传帮带后才能胜任一线教学。也就是说，汉语言文学专业的中文教育与中小学语文教育的对接有相当一部分是错位的。

所以，当代基础教育语文课程建设始终伴随一个呼声：建设有独立学科地位的"语文学"①，直接对接中小学语文课程建设。但这项工作一直未有实质性的推进。之所以有这样的呼声，与前面提及的这种错位有很大关系；之所以没有实质性进展，则与中小学语文课程的性质与特点密切相关。

当代基础教育语文课程建设的历史，是一段纠结"语文"究竟是什么的历史。语文是指语言与文学，语言与文章，还是语言与文化？这样的纠结与探讨多停留于学理解释与论证。真正把对"语文"二字的理解落实到语文课程建设上，最具代表性的事件只有1956年的中学汉语、文学分科实验。尽管短暂的实验以失败告终，对语文课程建设的影响却是积极的，至今依然有很大的思考空间。各派对"文"的理解决定了语文课程与教学对待文本的态度，决定了对文本教学价值的判断和最终选定的教学内容和教学方法。尽管意见各不相同，但有一个共识——"语"即"语言"，指向语言运用，这种共识在语文课程标准中表述为"语文课程是一门学习国家通用语言文字运用的综合性、实践性课程"②。学习语言文字运用是中小学语文课程的基本定位，但中小学语文课程目标远远不止于此。

现行语文课程标准将学生在基础教育阶段应获得的发展即语文学科核心素养分为四个方面：语言、思维、审美及文化。义务教育及普通高中阶段的语文课程目标、课

---

① 这里的"语文学"，指以中小学语文课程为研究对象的学科，非传统语言学。
② 中华人民共和国教育部（2022）. 义务教育语文课程标准（2022年版）. 北京：北京师范大学出版社，1.

程内容与学业质量评价标准均围绕这四个方面展开。以《普通高中语文课程标准（2017 年版 2020 年修订）》的课程内容为例，该标准的课程内容以学习任务群的形式建构，必修任务群有七个：整本书阅读，当代文化参与，跨媒介阅读与交流，语言积累、梳理与探究，文学阅读与写作，思辨性阅读与表达，实用性阅读与交流。可以看到，语文课程内容不仅仅包括语言运用与文学阅读，还包括跨媒介阅读、思辨性阅读、实用性阅读、文化论著阅读、科学论著阅读等，阅读文类较之过去的以文学作品为主有了极大的丰富。

中小学的语文教学主要围绕教科书展开，通过以教科书为主要媒介的语文教学活动达成课程目标，帮助学生获得四个方面的语文核心素养的发展。语文课程发展到今天，无论是课程标准还是语文教科书所涉内容已远远超越语言文字训练和文学阅读。2022 年 4 月颁布的《义务教育语文课程标准》中，"跨学科"一词的出现多达 21 次，并设有专门的"跨学科学习"任务群，要求运行多学科知识，开展综合实践活动，发挥跨学科学习的整体育人优势；对学生的语文学业质量进行评估时，分为日常生活、文学体验、跨学科学习三类语言文字运用情境。语文新课程的这些要求，对过去以文学体验为主的语文教学提出了挑战。

目前国家在大力推进学科交叉研究，促进交叉学科建设，这是国家层面的战略部署，也是时代发展的必然，而人才培养是实现战略目标的保障。处于人才培养金字塔最基层的中小学教育有义务从自己的角度为之奠定扎实的基础，这也是新一轮基础教育课程改革提出"跨学科"学习的重要原因。基础教育阶段的"跨学科"学习，不仅指向建构合理的完善的知识结构，更重要的是培养跨学科学习的能力和意识，培养综合运用所学知识解决问题的能力，语文课程"综合性"的意义也在于此。新颁布的《义务教育课程方案》（2022 年版）表述为"融会贯通，加强知识间的内在关联"，培养学生"融通"的知识结构和知识运用的能力，教师首先当能"融通"。

由于评价体制等多方面的原因，传统师范院校汉语言文学专业的中文教育，与综合性大学别无二致，课程体系的主体是文学、语言学两大板块。新文科背景下综合性大学中文教育的建设，是另外一个话题。就师范院校的中文教育而言，应当也必须在新文科、新师范的背景下重做思考，要培养具有"融通"的知识结构、运用能力和教学能力的教师，师范院校的中文教育需要"破壁"。

目前包括文学教育在内的师范院校的中文教育从课程体系规划、核心课程设置，到每门课程的课程目标、课程内容、评价方式均与综合性大学无异，很难体现师范特色。当然，这并不是错，甚至有相当的合理性，语文教师所需的扎实的语言、文学等学科素养皆源于这样的中文教育。但也应看到这样的中文教育与中小学语文课程建设及语文教师实际需要的知识结构、能力素养的"错位"。所以，要解决问题首先需要做一个基本的工作，即将现有的中文教育与中小学语文教育相对比，看看到底出现了哪些落差。梳理清楚哪些语文教师应有的专业素养，是现在师范院校的中文教育没有赋予而应当赋予的，通过专门的实证研究，得出清晰准确的结论，科学地支撑师范院校中文教育的改革，当然，这是本文无法完成的。

这里仅以文学作品教学为例。文学类文本是中小学语文教科书选文的重要组成部分，在每册教科书中的占比均在50％以上（不含专门文类的选修教材），对文学作品的感受力、理解力、鉴赏力原本是语文教师的基本功。但以文学史为主要内容的高师文学教育，很难培养语文教师的文本解读和文学鉴赏力，导致大量的语文教师经过四年专门的中文教育依然对文学缺乏感受力，读不懂文学作品，不会鉴赏文学作品，脱离教参即无法教学，只能照本宣科，而文学史并非中小学语文课程的重点。此外，在汉语、文学没有分开的中小学语文课程中，文学作品除了承担语言文字运用的基本任务外，还承担着人文教育、审美教育的任务，承担着引导学生透过作品感悟人生、理解博大世界的任务，支撑这样的教学任务背后所需的知识结构，可能会涉及社会、政治、经济、历史、天文、地理……这也是单靠文学史课程无法建构的，但又是一位语文教师应当具备的。师范院校的文学教育除了文学史知识外，重点应当是培养职前语文教师对文学作品的感悟力、理解力和鉴赏力，帮助师范生掌握文学鉴赏的方法，并且文学鉴赏方法应当是作为显性的课程知识存在，在未来的语文教学中才能真正有效进行文学作品教学，并帮助中小学生获得文学感悟和鉴赏力。这所言的还仅仅是语文课程中文学作品教学的一个方面，何况语文教科书中还有论述类文本、实用类文本等不同文类，甚至包括《乡土中国》这样经典的社会科学著作；语文课程除阅读外，还包括口语交际、写作等诸多内容。类似这样的内容，在现有的师范中文教育中没有对应的课程和显性的课程内容，语文教师所必需的相关知识与能力的形成很大程度上依赖职前师范生自己的悟性，即在学习其他课程的过程中悟得。

尽管还没有做精细的"错位"分析和"落差"梳理，但已能确定以培养语文教师为己任的师范院校的中文教育需要做的重要工作之一就是"破壁"。这种"破壁"需要以"融合"为理念打破固有的中文教育概念，在兼顾中文教育应有的学科体系、知识体系的同时，体现师范教育的特色；这种"破壁"需要师范院校的中文教育深入了解中小学语文课程目标、课程内容，建构一套真正能有效培养语文教师的师范中文教育的课程体系和实施方法。

继承与创新、交叉与融合是新文科建设的基本路径，基础教育语文课程建设的需求，语文课程的综合性、实践性特征，语文教师专业素养的构成，决定了这也是师范院校中文教育改革的基本路径。中文教育"破壁"之后的重建重点是课程建设，这是任何一类学校教育改革的核心。师范院校中文教育的课程改革，除了革新现有的汉语言文学相关课程的内容及教学模式，还应当重视两类课程的新建。一类是基于分科学习的综合课程建设，不管如何交叉、如何融通，汉语言文学专业相关学科的独立性还是存在的，各学科依然有其独立的知识体系和话语范畴。但对于师范院校的中文教育而言，需要在这样的分科结构中依据语文教师专业素养形成的需求，设置一定数量的融通性课程，直接对接中小学语文教育，让过去需要职前师范生在中文教育各门课程学习过程中悟得的语文知识与能力显性化，成为师范类中文教育的核心课程。另一类是基于综合学习的通识课程建设。通识课程是高校课程体系的重要组成部分，在强调复合、融通、交叉的今天，通识教育的重要性愈显突出，但事实上高校的通识课程效果不尽如人意。职前语文教师培养的课程体系，可充分利用通识课程，弥补专业分科课程的不足，帮助职前语文教师通过跨学科学习，尽可能完善知识结构，为语文教学打下良好的基础。语文课程的性质与特点决定了培养语文教师的师范中文教育应当兼具通识性与专业性。

科学专业中文写作教育的探索与实践

张 芬

清华大学人文学院写作中心

一、新文科视野下的"大文学"理念

近几年，"新文科"建设被不断地提及，它适应了时代信息化和技术化的剧变，反思了文科发展壁垒森严的处境，回应了人文与科技之间存在的隔膜等。"新文科"发展期待的目标是从基础的文史哲，到与社会科学的结合，然后和医学、生物科学、信息科学等学科的交叉融通。同时，"新文科"强调文科本身的独立性，反对以知识分享代替长久的人文浸润和思想熏陶。很显然，"新文科"思路有助于改善科技时代的教育问题，即科技和人文的隔膜所带来的封闭、偏见和无法沟通。

我担任的是中文的写作与沟通课（以下简称"写作课"）的教学工作，这门课目前是大一年级新生必修课，其基本定位是说理文写作，学生的整个写作是全过程、深度浸润式的，写作实践的方式偏于在多元知识主题的视野下展开思辨与阐释，教师和学生围绕写作练习展开密切的沟通和交流。这门课程是通识课中的一部分，且目前是十分重要的清华通识教育实践的一部分。除部分人文社科专业，修习这门课的学生主要来自理工科专业。

毋庸置疑，清华大学是以理工科为主的学校，这就意味着对科学专业的大部分同学来说，建立广阔的通识视野、拓展融通的学科视域就变得比较重要。这是一个充盈着高效、勤奋、务实气氛和环境的学校，在几年的教学中，我从这种环境中受益很多。同时，一个艰巨的目标始终伴随，那就是如何实现"新文科"所倡导的人文和科技的深度融通，如何通过自己的教学为培养全面发展、通专结合的大学生而努力。这也是 20 世纪 90 年代以来，中国的通识教育所致力的方向，即让每个受教育的个体成为具有博雅素养的"全人"。

在"新文科"的视野之下，对科学专业开展中文教育是重要一环。我所担任的教学，内容是人文通识类中文写作，其主题比较多元，内容也涵盖多个领域，从人文到社会、科学领域，整体上真正实现了学科交叉和融通。就其内涵而言，它既不同于高中时期的语文教育，也不同于文学写作，而是扎扎实实让进入高校的学生通过中文写作的练习，首先完成从高中时期到大学时期思维方式和文本阐释方面的调整和转变。同样在清华大学任教的历史系戚学民教授在最近的写作课教学经验谈中也提及中国学生在中学阶段这方面的缺失。①

在"新文科"概念之前，"大文学"已经在 20 世纪末不断地被文学研究者提及。一方面，"大文学"理念来自中国传统"文"的庞大体制，可涵盖文字学、经学、史学，内容驳杂。另一方面，"大文学"观念的提出，是为了修整 80 年代以来的文学学科危机，它将文学的边界、种类拓展，从而在一种更为广阔的视野之下，保持其自足性和独立性。也就是，文学既要与历史、政治、经济等对话，同时，又要"最终返回'文学之内'"，"并不是要确立我们新的历史学、社会学、政治学与经济学，而是要深化和完善文学作品的'阐释学'"。② 很显然，"大文学"和"新文科"是时代的趋势，"大文学"最终还是回到文学，而"新文科"强调一种整体感，它的目的不一定是回到文学，而是重新使得文科发展更符合时代性，从而更好地实现和其他学科的融通，培养时代所需要的通专融合的人才。当然，"大文学"视野下的跨学科理念，"打通我们所处的学院知识体系和社会现实的关系"③，则十分符合"新文科"和通识视野中强调的受教育者的现实关切能力的培养。

二、面向科学专业学生的中文写作课教学

目前为止，我的写作课教学，尝试开设了三个主题，分别是"个与群""中国电影及其时代话语""鲁迅"。这三个主题涵盖文史哲、社会科学，同时涉及医学、科技等科学领域。我倾向于引导学生在通识的视野下看待这些话题，重视文本的多样性，解读的多样性。当然这种跨学科的视野不是单一的跨越，而是要实现整体上的互通有无、平等、交叉，这就意味着把艺术作为史料，但不等于艺术就是历史，例如不能把小说中的"我"，想当然地认为就是作者自己。就像作家格非所说，同时要有一种将文学去知识化的意识，聚焦于学生的艺术和现实感受力的唤醒。就拿我的写作课主题"中国电影及其时代话语"为例，我会引导学生将这些影像、语言的艺术放置在历史空间，作为史料来考察，实际上历史学家马克·费罗的《电影与历史》正是致力于这样的尝试。我有学生写香港电影，例如《天水围的日与夜》（2008）、《踏血寻梅》（2015）、《一念无明》（2016）等，就会将香港电影中的底层故事，放入香港相关时代的社会史、历史之中来观察。然而，仅仅做到这些也还是不够的，电影有作为艺术样式的自足性，最终我还是希望学生有能力通过各种方式来实现对这些电影的艺术评价。

---

① 参见戚学民（2021）. 写作训练与写作水平. 抗日战争研究，4.
② 李怡（2014）. 回到"大文学"本身. 名作欣赏，10.
③ 李哲（2017）. "大文学"视野下的"跨学科"问题. 当代文坛，4.

在"鲁迅"主题教学中，我也会引导学生将所有的文献材料等而视之，不仅仅看其小说，还应该将杂文、日记、书信、甚至序跋、点评放入其中。例如鲁迅书信，以及寄给鲁迅的书信都是很好的"大文学"视野下的观察材料。学生的写作涉及鲁迅的疾病和文学、鲁迅的科幻翻译和创作、鲁迅的朋友圈和鲁迅的思想等之间的关联。关于鲁迅的文学或写作，就从过去有所偏重的几部集子，转向更大范围的写作，甚至，从某种意义上，鲁迅的翻译也是他的写作的延伸。同时，从语境上，鲁迅和时代的政治、经济、社会、文艺、科技等话题之间的互动也是能够找到联结点的，这些联结点正是来自科学专业的学生的选题和写作的方向。

我还有一个比较抽象的授课主题，叫"个与群"，凡是涉及个体和群体关系的文本或现象都可以作为选课学生的写作对象。去年我和学生研读了费孝通的小说《茧》，从小说中我们看到其内部汇聚了费孝通的社会学思考，而且，通过阅读，我们发现，《茧》并非他唯一的文学写作，费孝通也写新诗、散文、随笔。这个中篇小说中呈现了当时中国的政治、经济环境，还有社会史思想、文学环境等等，因此，如果在一个更广阔的，也就是"大文学"的视野里，看待这部小说就变得非常开阔和有趣。更有趣的是，费孝通本人对自己的写作也是没有明显的划分的，他统称为"写作"，反而是读者或研究者，下意识地将这些文体内部的学科严格区分。于是，沿着学生的课程写作，课外我又从更广阔的"大文学"的角度重新写了文章评价了这部小说。

正如李怡所说，"大文学"所要倡导的，即"让文学回到广阔的历史场景"，拓展"对现实的关怀、期待和理想"。[①]以上三个主题中文写作课的开展，从某种意义上，正是我希望学生能够打破学科壁垒，从一个更广的意义上来理解知识及其边界。这也是"新文科"发展和通识教育所期待的。

三、科学专业学生特点及通识类中文写作课教学省思

以上基于"新文科"和通识教育，我们说到科学专业中文教育的目标，而且到了大学，中文教育不再局限于语文教育，或者大学语文教育，而是整体方向有所调整。这个调整除了广阔的"大文学"或通识的跨学科、交叉视野外，还有相关的内在思维的调整，即探索其底层的共通的部分。

整体而言，科学专业的学生的思维比较严谨，尤其在逻辑思维上具有优势，例如他们对一部电影的分段切割的热情很大，而且做得非常细致，团队协作能力也很强。但是从哲学思维和审美理解方面，则相对还有开拓的空间。这就需要通过经典文本的浸润，例如读书会、小型研讨、影片赏析，让他们意识到艺术的独立、文学的独立、美的独立等。同时，引导他们先从体验和感性层面再上升到理性层面的理解与写作，

---

① 李怡（2017）."大文学"可以做哪些事?. 当代文坛，4.

在对人文的认识上，强调阐释的多种可能性，激发他们的想象力，来代替所谓标准答案。

当然，其他所需要的基本的思维层面，即科学和人文之间的"底层逻辑"，可以从哲学中汲取营养，甚至从最早期的学科界限没有那么明显的经典作品或作家身上汲取这种贯通性。例如从杜威有关思考的哲学中，探索事实之间的各种联结关系等。更为关键的是，只有具有通识视野的教师才能够引领学生走出这种封闭的壁垒，走向更开明的世界。但其前提也包括外界能够提供这样的环境，国内，除了通识教育提供这样的分享平台，本科生写得不错的作业很难被分享到人文社科等专业领域，这也会令人对国内通识类中文写作环境产生担忧。

科学与人文的结合是未来发展的必然方向，"大文学"教育有利于培养全人的视野、思路和精神。"大文学"视野下的相关中文教育实践，也能促进培养未来创新型全面发展的人才。实际上，回溯历史，20世纪上半叶对科学专业学生的教育，也十分强调人文的浸润和培育。在"新文科"的背景下，"大文学"视野下的中文写作教育自然能够带动教育重启这样一个传统。例如，我常常在一个学期的过程中，看到有学生从处在一个追求效率和答案的焦灼状态，慢慢地调整自己的节奏，从过去单一的科学思路转向一个融通的视域，诸如数学和音乐、量子力学和相对论与世界观、文学与科技等。这将是一个漫长的过程，也是一个令人感到很有成就感的过程。

新文科视野下的国际中文教育专业建设探讨*

袁继锋

重庆大学国际学院

教育部发布《新文科建设宣言》(2020 年 11 月,以下简称《宣言》)以及《教育部办公厅关于推荐新文科研究与改革实践项目的通知》(教高厅函〔2021〕10 号,以下简称《通知》)两个核心文件以来,国内开启了一个新文科建设的"新时代"。《宣言》规划了"新文科"的定义、渊源及建设方法,而《通知》不仅规划了诸如"新文科建设发展理念"等 6 大选题领域,还细致规划了 22 个较为具体的选题方向(最终全国高校有 1035 项课题入选),可谓高屋建瓴又事无巨细,基本可以看作国家层面在新时代背景下对人文社科发展的新布局和新规划。就国际中文教育学科来说,针对这几大层面的问题目前学界的研究尚不够充分,需要持续深入思考。如何在新文科视野下深化国际中文教育专业的建设,本文从学科定位、学科发展以及学科理念等几个要点展开具体讨论。

一、学科定位——"新文科"与国际中文教育的"国际"

要理解国际中文教育学科的学科定位,先要思考为什么呼唤建设"新文科"。教育部的《宣言》中从"社会大变革"的角度高屋建瓴提出"新文科"的"呼唤"。实际上,中央外事工作会议 2018 年 6 月在北京召开的时候就指出"当前,我国处于近代以来最好的发展时期,世界处于百年未有之大变局,两者同步交织、相互激荡"。"百年未有之大变局"的提法在 2020 年新冠肺炎疫情暴发以后越来越成为共识。新冠肺炎疫情在 2020 年的暴发,可谓是"第二次世界大战结束以来最严重的全球公共卫生突发事件",令人担心的是这种疫情引发的蝴蝶效应还可能远远没有结束,需要几年甚至几十年的时间来观察。除了疫情带来的全球危机之外,俄乌战争又给世界笼上了一层阴影,全球格局产生了巨大而又微妙的变化——"大变局"。理解了这些"大变局",再来看"新文科"的建设就显得尤为重要。所谓的社会大变革时代,一定是哲学、文学、艺术等各门人文社会学科得到大发展的时代,而社会大变革呼唤文科;

---

* 基金项目:中央高校基本科研业务费项目人文社科专项;编号:2020CDJSK47YJ14。

文科教育是培养人的学科，由此增强国家和民族文化的自觉，因此一个国家的文化繁荣需要"新文科"。

"新文科"与国际中文教育的"国际"密不可分。世界格局变化在教育领域最直接的影响可能就是我们所谓的国际中文教育这一学科。相比于国内其他学科的教育，最直接最明显的影响，就是国外学生因为疫情阻隔而不能来中国进行线下课程的学习，而转到线上课堂进行学习。这个是大变局带来的大挑战，也就是说"国际化"面临阻碍甚至是局域化，一方面教育场景从教室转到虚拟的网络空间，造成教学方面的互动困难；另一方面也势必造成生源的部分流失。

从近年来国际中文教育的学科命名以及相关联的学科布局来看，破局之法，早已呈现端倪。众所周知，该专业名称从20世纪70年代以来，已经历了"对外汉语教学""汉语国际教育""国际中文教育"三个阶段。如果说"对外汉语教学"是对应20世纪七八十年代以来的改革开放格局，"汉语国际教育"（2012年）是对应中国整体国力提升，对"汉语"本体（和国家）的一种自我认定，那么"国际中文教育"则可能是强调"国际"化，用另外一种表述就是"双一流"。"双一流"的提出是为了实现"两个一百年"奋斗目标和实现中华民族伟大复兴的中国梦的国家重大战略决策，目标已然超越局部意义的语言教学，而是对标世界和国际，的确可以称得上是百年以来中国高等教育综合实力和国际竞争力提升的一种自我表达。

从"国际中文教育"的学科名称来看，"国际""中文""教育"这三个关键词，既能凸显新时代"国际化"的学科定位，又能体现本学科的交叉学科特性（汉语言文学和教育学科的融合），是对新时代本学科内涵与外延的高度概括。我们认为："国际中文教育"适应新时代学科的定位和发展目标，与新时代背景下"新文科"发展目标一致，是一个恰当甚至说是精准的学科名称。

由此，我们讨论"国际中文教育"学科的学科分类和认定问题。在目前能看到的最新版本（2018年版）的教育部学位授予和人才培养学科目录中，该学科的名称还是"汉语国际教育"，而且依然是附属于汉语言文学专业下的一个专业学位，而不是学术学位。这当然与该学科的所谓学术成就有关系（应该看到中国的"国际中文教育"专业已经建立了相对完整的学科体系、课程体系以及教学理念和方法），但就目前"新文科"的建设规划战略看，"国际中文教育"责任重大，理应相对独立成一门单独学术学科（这也是吴应辉、崔希亮、陆俭明、李宇明等学者多年来一直呼吁的，也是吕必松等学科先辈们的学术追求和学科建设的夙愿），起码是作为一门独立的交叉学科（2021年，交叉学科成为中国第14个学科门类，该学科的建设也可以看出国家对学科交流和创新的"呼唤"，与"新文科"的布局相关，都在营造一种整体的学科发展氛围和创新机制）来建设。对交叉学科的理解不应仅仅局限于所谓的文理工大类学科之间的交叉层面，而应该灵活应用和创新，在"新文科"的框架之下，国际中文教育就起码涵盖汉语言文学、教育学甚至国际关系等学科，其中，中国哲学、中国历史、中国艺术甚至中国科学、中国经济等各个领域的学科知识都在该学科的课程建设范围之内，由此，为了促进"新文科"和"国际中文教育"事业的发展，我们更应该呼吁把"国际中文教育"单列出来，作为一门相对独立的学科门类。

另外与此相关，国际化的发展思路，不仅体现在历次国家发展规划纲要中，也体现在国家对高校"双一流"建设的指导意见中（深化国际合作交流），而且主要体现在国家对高校"双一流"建设的规划和考核中，特别是考核的规划，极大促进了各大高校国际化相关学科和专业的建设。

总之，"新文科"，以及与之相关的"双一流"建设理念及实践，不是让国际中文教育学科闭门造车，而是需要更加解放思想，面向并拥抱世界和国际化。这是国际中文教育的大趋势，也是"新文科"和中国发展的大方向，大有前途。

二、学科发展——"新文科"与国际中文教育的"教育"

对标"新文科"和"国际中文教育"的建设内容和建设目标，我们会发现二者紧密相关。2020年11月发布的《新文科建设宣言》中就明确了"所谓'新文科'就是文科教育的创新发展。培养知中国、爱中国、堪当民族复兴大任的新时代文科人才；培育新时代社会科学家；构建哲学社会科学中国学派；创造光耀时代、光耀世界的中华文化"。而"国际中文教育"中对国际留学生的人才培养目标，也有培养"知华友华爱华助华"的说法（在国际教育交流中，我们应该让国际学生切身体验中国社会发展的真实现状，建立在客观基础上的认识会帮助国际学生建立对中国的真实体验和观念认识）。同时，国际中文教育有关项目建设中，除了常规的中文教育，也包括语言伙伴的项目（包括各类职业培训和驻华外交使节学习班等）、中文教育奖学金、各类语言合作以及丰富多彩的文化交流，也建立了"国际中文教育年度课题"（立足国际中文教育实际需求，面向国内外相关机构、专家和教师发布课题指南）和新汉学计划。特别值得说明的是"新汉学计划"，该计划主要通过课题研究等方式对世界各国优秀青年进行资助，目的在于帮助他们深入了解中国和中华文化，繁荣汉学研究，增进中国与各国人民之间的友好关系。这个计划的创设和实施能极大保障"新文科"背景下国际中文教育目标的实现。

这些目标的实现不仅体现在上述国家层面的制度建设，比如"新文科"的规划及"呼唤""新汉学计划"的影响和吸引力、"双一流"评估考核中的硬性指标（比如必须有一定数量的国际留学生、专业以及合作交流）等等，也体现在学校方面的落实措施上，主要是学科点的建设和创新课程的建设。比如根据《重庆大学国际化发展规划（2020—2029）》，重庆大学2019年就开始筹备"全英文课程"的学科及课程，截至2021年底共计立项建设全英文授课本科专业5个、本科课程61门，研究生精品课程47门。项目建设是为了实现重庆大学本科层面全英文授课专业零突破和研究生全英文授课课程新发展，为下一步建设国家"双万计划"及重庆市重点课程做准备，打造重庆大学的来华留学品牌课程。

目前国内高校都面临"双一流"建设和评估考核的指标压力，疫情之下留学生无法入境学习，由此带来生源内卷的问题。面对这些新问题，我们只有在提升专业内涵、深化课程建设、优化学科设置等方面进一步进行改革和探索，多练内功，培育好自己的"梧桐树"，教育本身发展了，才能吸引更多的青年才俊就读。

三、学科理念——"大文学"与国际中文教育的"中文"

《新文科建设宣言》对不同学科的建设态度是不同的。对汉语言文学等基础学科是"夯实"，在此背景下，相关联的制度建设有"强基计划"。教育部 2020 年发布《关于在部分高校开展基础学科招生改革试点工作的意见》，以选拔培养有志于服务国家重大战略需求且综合素质优秀或基础学科拔尖的学生为目标，除了高端芯片与软件、智能科技、新材料、先进制造和国家安全等关键领域之外，特别强调了国家人才紧缺的人文社会科学领域。对健康服务与管理、大数据管理与应用、马克思主义理论等专业则列为"新兴学科"而加以"发展"；此外，对以文科为必选项目，融合理工农医等各学科的交叉学科的建设基调是"推进与融合"。

我们由此要探讨的问题是在新文科的背景下，国际中文教育作为一个学科该如何发展。这个学科是继续作为一个非独立学科依附于其他学科发展，还是如之前我们呼吁的国际中文教育理应作为一个单独学科加以建设？如果进一步反思，我们其实要追问为什么这个学科一直未能独立，是缺乏独立的学科理论和学术研究的积累吗？

我们认为要回答这些问题，可能核心的要点是要重新思考该学科的学科理念。具体而言，就是这个学科一直以来纠结的到底是以语言教学为主还是以文化教学为主？这个问题不仅仅是教学内容的偏重点的问题，不仅仅是对语言知识或者文化知识的某一方面的侧重倾向的问题，更重要的是之前的讨论者可能忽略了国际中文教育这个学科应该是一个交叉学科的事实。当然交叉学科的提法是晚近的，我们这里的讨论也不是苛责先贤，但在当下新文科的背景下重新思考这个问题会给我们更多的角度和空间。比如近年来学界关于"大文学"的讨论，就有启发意义。1918 年，谢无量在《中国大文学史》中将经学、史学以及文字学都纳入文学史的叙述，使得他的写作具有了"学术史"的趋势。谢无量的贡献不仅仅在于所谓的"体制庞大，内容广博"，更在于为后世提供了一种文学史写作的特殊范式，用现在的术语说就是"交叉学科"（或许我们也可以用百科全书式来比附，这已经是古今不同教育理念的模式问题了）。近年来，李怡、周维东等学者接续了这个治学传统，又与现代文学作品对接进行创造性解读和阐释，取得了令人瞩目的成绩。当然类似的角度，也有来自西方文化学和文化研究的理论资源，如威廉姆斯（R. Wliams）等先驱，埃里克森（H. L. Erickson）

则从课程教学内容的角度将"大概念"（Big Ideas）界定为各学科基于事实基础上抽象出来的深层次的、具有极大迁移价值的概念。我们理解"大文学"等这类理论术语不仅是文学研究或者课程教学的内容，其实更应该作为一种学科理念或者精神。具体到国际中文教育学科来说，首先，我们应该认识到该学科是融合了汉语言文学、教育、历史、艺术等多门学科的跨学科专业。这种学科理念不是知识的教授，无论是语言知识还是文学文化知识，都不是我们的教学目的，这个理念是包括汉语言文学在内的中国优秀文化的国际传播，是应该引导学生建立与中国文化的有效连接，实现心灵的沟通、体验与认同。具体来说，就是如何把中国语言文学文化与已经建立或者初步建立自己人生观、世界观和价值观的国际留学生的人生理念结合，建立一种从人生经验到现实观察和体验，乃至情感和文化认同这样一个过程。建立一种广义上的语言文学文化教学，是沉浸式的，而非旅游观光式的，能引导学生进入和体验感悟。如此，才能真正谈得上"知华友华爱华助华"以及讲好"中国故事"和构建"人类命运共同体"。其次，在专业设置、课程设置、教师队伍建设等方面就应该组建多种学科门类的课程。比如重庆大学国际学院在探索与法国南特大学共建商务汉语专业。该专业的课程设置和教师队伍建设是具有交叉学科背景的，符合新文科对交叉学科融合推进的范畴。正如王富仁老师说的："由知识教学向文学教学的转变绝不是一朝一夕就可以实现的，这将是中国语文教育又一次根本性的革命。"① 实现国际中文教育的学科理念的转变也不是一蹴而就的，再是科学技术发展带来的理念革新。具体说就是所谓"移动学习"。现在全世界进入信息时代和网络时代，"新文科"理念的提出也有这个大时代背后推手的影子。过去我们可能过多强调了经济政治的影响程度，现在我们可以看到科技对世界的改变力量有多大：对学习方式、学习方法以及学习理念的影响是巨大的（如前所述，疫情突变加剧了这种影响），手机屏幕的学习越来越成为国际中文教育的常态化。我们一方面要适应这样的教学环境，但也要由此保持思考。随着线上教学的普及，从教师教学为主转变到以学生为主，在中文课堂上怎么实现？翻转课堂如何在国际中文教育中应用？这些技术方面的革新还似乎不是最麻烦的问题，"移动学习"的随机性、碎片化乃至去中心化等衍生问题，更可能是我们国际中文教育面临的大问题。这些都值得学界进一步深入关注和研究。

总之，当下国际中文教育面临着诸多的挑战和困难，但同时也因为在"新文科"背景下，"双一流""强基计划"等相关政策的出台和推动，使得国际中文教育在国际化教育交流的浪潮中得到一波接一波的发展。更重要的是，我们看到新文科的确从学科定位、学科发展以及学科理念等各方面全方位影响了国际中文教育。我们希望国际中文教育在教授和传播中国优秀文化方面继续得以提升和发展。

---

① 王富仁（2008）. 语文教学与文学. 渤海大学学报（哲学社会科学版），1.

再造文学：经贸类学校中文通识教育多学科融合改革初探

赵　静

对外经济贸易大学

新时代的中文教育强调跨学科、多渠道、多领域，尤其是在经贸学院的学科背景下，中文教育该以何种面貌和方式来讲授，如何设置课程内容，以打破不同专业间的知识壁垒，更新不同专业背景的学生对文学的"刻板印象"，培养和提升学生的综合能力以及文学创造力，这是时代给予我们的教育使命，也是扎根于专业性经贸类院校的中文教育者应该思考的重要问题。

事实上，谈起经济和文学，二者并不相互排斥，而是紧密相连、休戚相关，古有"仓廪实而知礼节"，马克思主义哲学理论中也强调过经济基础决定上层建筑，文学作为社会文化的上层建筑的重要表现环节，本身即孕育于经济体制之中，受到社会生产力水平的影响，而文学作品也可记录和反映社会经济文化生活。在五四新文学运动时期，陈独秀、李大钊、鲁迅等人扛起新文学的大旗，希冀以文学来撼动旧中国的社会面貌，文学是他们改良社会的"利器"，他们希望借助文学革命进而创建"政治上、思想上、经济上的新观念"。而随着商品经济的不断繁荣兴盛，市场经济的文化功用被放大，消费文化成为冲击文学审美性的重要因子。尤其是在文化消费语境下，文学已经无法完全摆脱经济场域的影响而独立存在，随着出版印刷等行业的蓬勃发展以及网络大环境的形成，文学已经逐渐显现出市场化的倾向，它已经不是装在象牙塔里的"纯文学"，而应该是一个广泛地面向社会的，走向市场的，迎接大众的，与政治、经济、教育、生活等都息息相关的"大文学"的概念。近些年关于"大文学"的理论研究是重要的学术热点，而科研和教学是相互促进的关系，雅斯贝尔斯在《什么是教育》中认为，"大学教师首先应是研究者"，科研中的学术热点和相关成果更应该运用于教学中，促进教学理念和方法的更新。而且，教育不应该故步自封、一成不变，它本该是流动的、变化的，随着现今文学生态和文学趣味与审美取向的迭变，中文通识教育的课程内容更应该与时俱进，引入"大文学"的教学观念，以适应多变的、多元的文学场域以及跨学科的新文科时代。

可以说，新文科时代，当我们讲授文学时已经无法规避"大文学"的存在事实，在中文通识教育实践中引入"大文学"的理念，不仅能够拓展文学的边界，整合多种学科的优势，也切中了财经类院校的学情特点。在经贸类院校中很多学生经常会有文学有何用的疑问，在"商务文案写作"这门课的具体教学实践中，就曾有一些学生谈到对这门课的体会，他们说从没有觉得文学可以是这么有意思的事情，甚至文学可以与他们研习的经济、市场营销等课程内容相联系，文学也可以有多种用途。诚如斯言，在经贸类专业学生群体中，"实用"是他们的普遍性认知，而文学相较于其他课程实用性稍显薄弱，一些学生其实未能明白文学作为基础学科的重要性。甚至对于很多网生一代的学生来说，仅仅强调文学一隅的知识已经不能满足他们的求知欲，且与他们所接触的业已形成的"大文学"的文化版图背道而驰，因此，在新文科建设的大背景下，经贸类院校的中文通识教育亟待一场"再造文学"的"改革"。

"大文学"本质上强调将文学融入社会历史的总体发展格局之中[1]，致力于文学与经济对话，与法律交流，与政治历史勾连。而这与新文科建设中鼓励多学科交叉融合的理念不谋而合。尤其在财经类院校中中文教育有相当大的一部分要服务于"通识课程"。而"通识教育"重在"通识"二字。"通"可理解为"普通"或是"打通"，"通识教育"主张教育的"普遍性"，当然，普遍性不是说教育质量的"一般化"，而主要是指教育接受群体的"所有性""普遍化"。"通识教育"不是钻井打水，而可能只是"浅尝辄止"。它可能"不求甚解"，但贵在培养人人的"好读书"。简而言之，"通识教育"应该是面向所有群体的教育，应具有普遍视野。而在大学教育中，"通识教育"的教学对象应该面向全体大学生，不分专业。可以说，"通识教育"强调"普遍性"，它的受众是广泛的，它的目的旨在培养全体大学生，力求使普通人能够"入世"，掌握在社会上所应具备的入门知识。对于中文教育而言，提倡"通识教育"则需要冲破教学课程过于专业的屏障，努力将文学本专业的"专"合理转化为多学科教育应用的"通"。针对财经类院校的学生来说，相较于文学研究和理论分析的能力，他们更需要具备具有普遍应用价值的"写作"和"表达"的文学素养。或者换句话说，"写作"与"表达"是所有学科的"通"和"识"，公文写作和公共表达是他们今后工作和学习中经常会遇到的环节，是财经类院校的学生工作学习的"敲门砖"，具备跨越任何学科的"通识性"。因此在中文通识教育中，我们就应该适时地转变方向，在传授文学基本理论和知识，提升学生的文学鉴赏能力的同时，也应该向实用性文学课程倾斜。例如笔者在进行"中文写作与口语表达"的教学设计时，就以"大文学"的"通"为方向，在教学内容中既设有紧跟文学专业"创意写作"的教学热点，旨在从经贸类、外语类、管理类、法学类学生群体中激发他们的文学创造性，完善他们的阅读兴趣，拓展他们的课余文化生活，将他们所学的知识点与文学对话；也设计有与学生就业、求职紧密联系，极具实用价值的"公文写作""演讲与表达"等内容，与

---

① 参见李怡（2014）. 回到"大文学"本身. 名作欣赏，10.

各类学科学生的求知欲融合，真正实现了课程内容和教学方向的全面"打通"。

其实，"再造文学"关键在于"打通"，"通"即能"变"，"变"也能"造"。当我们打通了学科间的界限，一些被严格的分科制所限制的教学内容则可适时更新。由于经贸类院校特殊的学科设置，很多学生往往在大学期间需要修习一些经济和管理类的课程，所以这造成了他们的知识结构没办法完全将文学视为只强调审美和艺术追求的纯理论性学科，甚至一些纯文学的课程在一些对文学没有太多兴趣的学生身上无法完全"兼容"。在通识课的中文模块的教育中，感兴趣的学生会将文学通识教育课程当作主修课程的兴趣扩充，以调剂财经类课程"数据生活"的单调；而不感兴趣的学生则大多是被动式学习，将其视为不得不学的"无用之用"。所以如何激发学生的学习兴趣，鼓励他们自主学习，并能够与他们主要的学习生活、知识储备有所联系是财经类中文教育应该思考的重要方向。也是在这样的教育诉求下，财经类院校的中文教育更应该及时更新传统文学课程的教学方法，多角度、多视野地引入其他学科课程内容的理论和视角，以满足学生跨学科的知识背景的学习要求，也为文学赏析提供更多的思路和方法，激发文学的活力。例如在具体教学中可将一些文学传统课程的教学内容与经济类课程相融合，在讲到《红楼梦》《西游记》等教学内容时，可鼓励学生从经济学的角度、企业管理、民商法律的角度来分析文学文本，而谈到现当代文学时，也可分析文学作品生产消费的文化生态，探析文学生产背后的商业成分等。

不仅如此，在传统文学课程内容设计思路的转变和更新之余，我们也可以积极创建新型交叉性课程，大力拓展文学和商科、法学、管理学的融合，开设诸如"通俗文学与大众传播""文化创意""商务文案写作""文学生产与消费"等"大文学"课程。此类课程既依托于文学研究和文学、文化现象，也符合学生的兴趣点，满足了他们对社会热点话题的关注度，还与他们正在研习的知识内容紧密相关，让他们可以借助于文化一隅去深化财经、法律、管理学等知识要点。诸如与经贸类商科有关的"商务文案写作"提倡将狭义的文学扩大化，将强调审美与诗性的文学向市场推进，并辅以一些商业经济的知识背景。在此课程的教学设计中，除了讲授商务文案的写作内容和格式方法，也给学生补充一些文学生产、文学"市场化"的知识要点，辅以一些电商平台的销售理念，影视公司的市场调研等，鼓励学生外出走访，分批采访，分小组策划商业广告文案、电影宣传文案，让他们在多学科交叉的商业广告文案、电影推广文案的写作中感受市场营销的具体措施，了解不同行业经济的发展动向，倾听消费者的购买诉求，进而在具体的可知可感的事实语境下发挥文学书写的创造力。而在"通俗文学与大众传播"的课程中则不局限于通俗文学文本的分析和讲授，更将文学放置在整个商业文化传播链条中，进一步凸显文学的经济表征，结合文化消费的理论，引导学生调用经济模型、供求关系、劳动合作等知识点分析网络文学的 IP 孵化和电视剧制作、传播的"平台化"与"数据化"的倾向。大体来说，这些课程的设置既可依托学校的特色资源，有效地与财经类院校的优势学科形成良性互动，也从技术层面、审美层面、情感价值层面提升学生的文学素养和文化底蕴，为学生们以后选择大众传媒、文化产业等就业方向打下坚实的文学基础，对培养交叉学科人才具有现实意义，也在一定程度上突出文学的社会属性和商业机制，激活文学的表现形态。

事实上，我们尝试在经贸类院校的中文通识教育中去"再造文学"并非要抛弃文学的内核和底蕴，而是在传统文学教学中改变与润化它的一些风貌，以适应具体的教学情境、求知诉求，以完善文学学科本身的教育观念，打通财经类学科与文学教育之间的沟壑，实现各种学科的共融与相互促进，全面开发学生的创新能力和实际应用能力。现如今，推行中文类交叉学科的"通识教育"刻不容缓，这既是时代的使命，也是社会的需求，更是新文科建设的要求。目前，我们期待越来越多的高校推行交叉学科的"通识教育"，这既是基于人类交流的愿望诉求，毕竟对话和沟通需要有共同的交流话语和通行的文化机制，也是因为专业间的区别本来就不是"泾渭分明"。其实在学科体系未有过于明确的划分时，文学本就是"大文学"的概念，文史哲不分家，甚至教育、法律、经济一直都与文学裹挟在一起。如今文学、历史、哲学、经济、法律等都被分科制清晰有别地分列开来，可当我们了解相关情况、学习相关知识时，仍然需要查阅历史、以及哲学、教育，甚至当时的经济、政治、军事等各个方面的材料。在传统的文科教育中，分科体制所造成的专业割裂在某种程度上破坏了知识的完整性，这需要我们推行打通性质的基础性"通识教育"弥补专业分科后所造成的弊端。所以说，专业间的自然相通性以及对话的紧迫性也需要我们推行交叉学科的中文"通识教育"。更为重要的是，在现今社会，知识大爆炸，信息层出不穷，网络更新换代迅速，我们已经无法完全做到"两耳不闻窗外事，一心只读圣贤书"。因此面对着迅速发展的互联网＋时代，我们需要有更宏观的视野，更多面的处理信息的能力，以及对信息的甄别和判断能力，否则我们只能被各种源源不断的信息淹没，甚至成为"垃圾信息"的奴隶。如此说来，打造交叉学科的新文科建设和"通识教育"势在必行，而"大文学"概念下的"再造文学"的尝试亦能够对我们深化新文科建设给予一些思路和方法上的启示。

如何通识？

——新文科和"大文学"视野下的高职院校大学语文教育探究

杨佳韵

扬州工业职业技术学院

2017 年，美国希拉姆学院首次提出了"新文科"这个概念，建设文理交叉的学院。2019 年 4 月，中国教育部、科技部等部门联合召开"六卓越一拔尖"计划 2.0 启动会，会上明确提出通过实施"六卓越一拔尖"计划 2.0，全面推进新工科、新医科、新农科、新文科建设，提高高校服务社会经济发展能力，这是新文科首次在中国被提出。2020 年 11 月，教育部发布《新文科建设宣言》，提出进一步打破学科专业壁垒，推动文科专业之间深度融通、文科与理工农医交叉融合，融入现代信息技术赋能文科教育，实现自我的革故鼎新，新文科建设势在必行。2021 年 3 月，教育部面向全国高校等单位开展项目立项，发布《新文科研究与改革实践项目指南》，鼓励在新文科课程体系和教材体系建设实践中构建中国特色的文化素质教育课程体系，推动建设跨学科、多学科交叉融合专业课程体系，在重点领域分类推进研究与实践方面推进文史哲之间、文史哲与其他学科的交叉融合。从以上表述中可以看出，新文科相对于"旧文科"而言，最明显的特征应当是和其他专业、其他学科间的交叉融合。在新一轮科技革命和产业变革的时代背景下，建设新文科旨在打破旧文科时代的专业壁垒，提升学生跨领域知识的融通能力和实践能力，培养通识之才。

其实无论是新文科还是新工科、新医科、新农科的提出，都旨在跟随时代变革、培养跨专业跨领域的通识之才。中国在"明德、亲民、止于至善""修齐治平"的先秦时期就有注重培养通德通才的教育传统，影响深远。20 世纪 80 年代，国内高校纷纷启动通识教育改革。但通识教育的学理研究和具体实践基本局限在本科院校，高职院校由于定位于培养实用技能型人才，对于通识能力的培养关注较少，直到近些年，在"三全育人""立德树人""德技并修"等理念的提倡下，通识教育的理念才逐渐被高职院校重视起来。通识教育的提倡有助于高职院校对只重视专业和实训、轻视甚至忽略公共课理念的纠偏，有助于学生的全面发展。

同样作为通识类的基础课程，在当下的高职院校，思想政治课带着天然的权威，英语数学等课程有四六级考试、建模比赛等诸多光环加持，大学语文教育却一直显得冷清寂寥，难以达成显著的育人成效。大学语文作为面向非文学专业开设的文学课程，在新文科建设的视野下，是沟通文学专业和其他专业的桥梁，是新文科建设的重要实践路径，也是新文科建设中坚实的一环。如何上好大学语文这门课，真正发挥提高学生表达沟通能力、提升学生人文素养、培养学生审美情趣、传承古今中外优秀文化的通识作用，是当下需要认真思考的问题。

一、旧文科时代的专业壁垒思维影响高职院校大学语文教学

从高职院校的学情来看，学生基本上秉持实用主义的理念，对自己未来就业帮助大的课程认真学习，对其他课程存在糊弄了事的情况。专业课是立身之本自然不会怠慢，英语四六级证书、英语数学竞赛等在求职中至少能算一个明确的加分项，对比之下，语文明显缺乏实用性。尽管语文能力在学生未来职业的可持续发展以及职业转型中起到重大作用，但鲜少有学生能在校园里意识到这一点。缺少外在条件的加持，大学语文课程本身是否精彩，和专业融合程度的高低，会直接影响学生学习的热情程度。相关的调查问卷结果也证实了这一点，和专业融合程度高的语文教学会得到更高的评价和更多的认可。

从教学实践看，高职院校大学语文的教学效果不尽如人意。这里面有客观因素，语文教师教学任务繁重，较难有精力关注科研动用以提升教学，面对多专业也很难兼顾语文和诸多专业的融合。这里面也有一些主观因素，有些语文老师是教学惯性使然，一时难以改变授课思路，或教学惰性使然，不愿尝试新的教学方向，抑或理论、知识素养不足，无力改变教学现状。

除了上述原因，语文教学效果不好的深层次原因或许在于教师在旧文科时代所形成的专业壁垒思维。旧文科时代专业发展各自为政，"传统文科重视专业培养，学科建设任务清晰，但是人才培养难以博通，容易形成专业壁垒，制约人才全面发展"[①]，这一弊端其实在高职大学语文课程的教学中已经有所体现。

当下高职语文课堂，很多语文老师仍然按照旧文科时代形成的思维模式展开教学，比如按照时代背景、作家介绍、思想内容、艺术特色、后世影响这种五段式的阐述方法去讲解文章或主题，或者从字词、语法、修辞手法等角度切入教学，将内涵丰富的文学作品拆解为一些知识碎片灌输给学生。这样的授课模式往往造成教学传统乏味，无法吸引学生注意力。与此同时，在信息时代，对于具体知识的教授在某种程度上是对学生时间的浪费，他们作为网络的原住民，可以瞬间获取大量信息，包括语文课堂上介绍的时代背景、作家信息、艺术特色等。因此，如何对这些知识进行判断、辨别，在此基础上进行个性化处理和价值输出的能力才是学生更需要的。但就目前的高职大学语文课堂而言，能做到这些的寥寥无几。即使是呼声很高的"翻转课堂"，

---

① 丁淼（2020）.用"新文科"思维重塑文学教育的情怀——以《大学语文》课程改革为例.作家天地，20.

在很多时候也仅仅是形式上的热闹。从实践来看，有不少学生展示的 PPT 都是直接从网上下载下来的，或者胡乱拼凑从网上搜集到的信息，缺乏对信息的梳理、筛选、判断以及更为重要的价值输出。这其中的原因既有学生素养的不足、对语文课堂的轻视，也有教师本身授课内容传统乏味，缺乏正确的引导。

专业壁垒思维在高学历教学者身上也有所体现。从高职院校近些年招聘的教师学历层次来看，语文教师的学历水平大大提升，招聘门槛是硕士，有些高职院校甚至引进了博士。需要注意的是，教师并没有因为高学历而更擅长高职大学语文的课堂，恰恰相反，大部分在本科院校汉语言文学专业系统训练中成长起来的年轻教师对教学及课堂的理解和高职院校的实际情况有很大出入，初期往往难以适应高职院校的教学。经过高学历训练的教师容易带着专业训练的思维进行教学，将大学语文视作文学专业课程的一种缩影，带着一套完善文学知识体系的先觉认知，他们不太容易主动将文学课程和其他专业课程相联系。对于博士而言，这种差异恐怕要更大一些，他们擅长的学术研究是更加细分的专业领域，常常无法反哺教学，而他们擅长的专业研究也较难得到高职院校相关科研政策的支持。

二、新文科时代引入"大文学"理念打破专业壁垒思维

在新文科时代，打破在文学内部自说自话的专业壁垒思维对于大学语文教学的改进至关重要。那么具体如何做到这一点呢？"大文学"的研究理念将为我们打开思路。

其实在新文科被提倡之前，已经有不少学者在提倡并践行"大文学"的研究理念。"大文学"的提出，本身就是基于"纯文学"这一概念。今天我们提到文学，大部分人会想到小说、诗歌、散文、戏剧等各种各样体裁的文学作品，这些其实是西方纯文学知识体系下的分类。中国古代文学就不是一个"纯文学"能概括的范畴，一直都是"杂文学"，包括经史子集等诸多内容均属于古代文学的范畴。到了近现代以后，"一个民族根深蒂固的对写作的理解和趣味其实又是很难改变的，传统中国的'文'的丰富性——相对于西方'纯文学'而言就是'大'而'杂'——依然是知识分子潜在或显在的追求……除了杂文式的文学之'杂'，日记、笔记、书信甚至注疏、点评也可能成为中国知识分子抒情达志的选择"[①]。显然，"大文学"的概念才更接近文学本身的真实面貌。在此基础上，很多学者重提"大文学"这个概念。

当然，"大文学"之"大"不仅仅指的是容纳很多之前被纯文学遮蔽掉的研究对象和内容，更重要的是研究思维之开阔与"广大"，正如学者杨义在 21 世纪初提出的观点：文学开始怀着强烈的欲望，要求在文化深度与人类意识中获得对自己存在的身份和价值的证明，从而逐渐形成了一种"大文学"的观念。大文学观主张的不仅仅是

---

① 李怡（2017）．"大文学"可以做哪些事？．当代文坛，4．

简单地将影响到文学的政治、历史背景等因素罗列分析，而是"把对'文学'的关注融入社会历史的总体发展格局之中……将文学的阐释之旅融通于寻找历史真相之旅"①，将文学作为社会整体存在的有机构成部分进行理解，从而深化和完善对文学作品的解读和阐释。中国古代杂文学观本身就主张文史哲不分家，但是大文学观的视角更丰富，"大文学"主张打破纯文学观念下局限在文学作品内部的研究范式，在更广阔的文化范畴内展开文学研究，政治、经济、法律、科技、医学、建筑等相关领域皆可被包容进来。这正是新文科建设所鼓励的学科交叉融合。毫无疑问，在新文科时代，越来越成熟的"大文学"的研究理念将大放异彩。因此，引进"大文学"这一学术研究理念并将其转化为新的教学理念，将有助于切实推进高职院校大学语文的教育工作。

三、新文科时代以"大文学"理念打造生动活泼的大学语文金课

在"大文学"的研究范式里，文学和其他学科、其他专业的连接，将有助于我们从不同的视角更深刻地去理解文学。"大文学""与历史对话，将赋予文学以深度；与政治对话，将赋予文学以热度；与经济对话，将赋予文学以坚韧的现实生存品格"②，在大学语文教学中引入"大文学"理念，意味着要和不同的学科建立起联系，从文学中来，到其他学科中去，最终再回到文学中。在通识教育体系和新文科的建设视野下，我们最终的目的不一定是要完全回到文学中去，而是通过这种学科交叉、文专融合的教学方式，促进学生个体生成更加完善融通的知识与思维体系。但是对于大学语文来说，要想取得这种通识效果，想要在文专融合的领域内有所建树，首先要把语文课本身上得出彩，否则文专融合就是空中楼阁，最终结果就是语文沦为其他专业的说明材料。

在"大文学"的视野中，我们可以从神话、民俗、哲学、历史等各学科的角度出发，在更大的文化场域内去解读作品，从而获得对文学更深刻的认知，这是一个突破传统五段式教学的很好的思路。笔者在《诗经·豳风·七月》的教学中，用天文学知识解读"七月流火"、夏商周历法等问题；在进行史铁生的《命若琴弦》教学时，引入西方西西弗斯神话、存在主义哲学理念、史铁生的访谈材料、流行歌曲等各种素材，多层次逐步加深学生对于生命、过程、目的、虚无等主题的理解；在进行《论语》中的"孝"主题教学时，引入文字学知识，解读"孝"这一观念在大的历史文化语境下的概念变迁，用史学的相关材料，引导学生认识到孔子所处的时代礼崩乐坏的

---

① 李怡（2014）. 回到"大文学"本身. 名作欣赏，10.
② 李怡（2014）. 回到"大文学"本身. 名作欣赏，10.

现实境况，从而让学生理解孔子为何那么重视孝，为何引孝入政，以德治国，通过古代二十四孝故事、现当代作家、学者的相关论述，让学生认知到"孝"在中国的历史上是如何被异化为统治手段，并联系当下，对比中西方的父母子女关系，让学生明晰"孝"观念对中国当下的影响，这样就跳出《论语》选段的局限，避免将语文课上成道德说教课，而是让学生在一个大的历史文化框架中感受"孝"这一观念的源流、发展脉络以及传统对当下的影响，让学生在文化场域中更深刻地认知一些观念。

"大文学"鼓励拓展文学研究的边界，很多原本不属于纯文学的内容都可以被容纳进来。对于语文课而言，地域文化、民族文化、通俗流行文化都属于可以被探讨的对象。笔者所在的学校在扬州。扬州本身就是一座底蕴深厚的历史文化名城，有丰富的文学、文化资源。所以将扬州文化引入语文课堂教学，让学生感受脚下土地的温度，触摸身边文化的脉络，是一个激活课堂的好方法。比如上课提问："大家都会背诵《静夜思》，但是你知道这是哪里的月亮吗？"再提问："为什么我们学校要用'春江路'、'明月路'、'自清楼'来命名道路和教学楼呢？"《静夜思》和《春江花月夜》描写的都是扬州的月亮，以这样的方式带领学生走进文学的扬州、诗词的扬州。"天下玉、扬州工"，以扬州玉雕、古琴、雕版印刷、剪纸等为代表的各项非遗物质文化遗产，也可以作为教学内容进入课堂，在带领学生领略传统技艺风采的同时，也可以培育学生的工匠精神。还有近些年比较火热的"运河文化"，扬州历史上的兴衰成败都系于运河，在教学中穿插如吴王夫差、西汉吴王刘濞、清代盐商等精彩的人物传记，结合大王庙、和园个园等景点实地打卡、录制视频、分享感受等形式，用生动的方式让学生感受鲜活的地方文化。除了求学之地的地方文化，我们还可以鼓励学生在课堂上分享家乡地区的文学文化，包括家乡城市的作家作品、文化名人以及由此形成的地方文化等。通过不同地域文化的分享，学生对语文课产生了很大的兴趣。笔者所在的学校在这一块的探索已经初见成效，相关教学理念多次被国家级、省市级媒体报道。

除了地方文化，民族文化也可以走进大学语文的课堂。笔者所在的学校有很多藏族学生，大部分班级里都有几名藏族学生，有的甚至整班都是藏族学生。因此不能忽视这样的学情，不能单纯就汉语文学进行教学，要鼓励藏族学生分享家乡特色，分享藏族文学、神话等内容，这样能更好地促进汉族和藏族同学之间的文化交流，还可以引导学生意识到"大文学"的丰富性。在讲解席慕蓉青春诗歌时，也可以向学生介绍席慕蓉的蒙古族身份和相关诗歌创作，拓宽学生对少数民族文学的认知。

通俗流行文化，在"大文学"的视野下，也可以被包容进课堂。在学情分析与调查时，发现很多学生都对网络小说、游戏感兴趣。笔者尝试在语文课课前分享环节分享类似的话题，但是也要引导学生去探究背后的文化、心理动因等。有学生分享过"王者荣耀游戏里的人物台词来源以及含义"，涉及《论语》《庄子》《三国演义》《洛神赋》等诸多文学作品，还根据自己搜集的资料进行了解读；有的学生分享网络小说吸引人的原因、网络小说的套路；还有的学生通过游戏魔兽世界来分享自己对于"破坏和拯救"的思考，甚至联系了经典的"电车实验"。类似主题的分享，学生们是从自己的兴趣出发，走进文学文化之中，既锻炼了学生的文献搜集、逻辑思考能力，又打破了学生在应试教育中对语文和文学产生的刻板印象，他们觉得这样的语文课是非常有趣的，愿意投入精力去研究相关的文学文化话题。在实际教学中，我也注意到有的语文老师讲解李白的诗歌时，尝试从"王者荣耀"游戏里李白这一游戏人物的刺客形象、技能名称等做教学引入，去讲李白的任侠精神，这时学生的专注度明显比单纯讲文学作品时要高。

在新文科时代，以"大文学"的理念突破纯文学的边框，通过跨学科材料的引入，以及地方文化、民族文化、当下通俗流行文化的引入，激活传统沉闷的教学，打造生动活泼的高职院校大学语文课，让学生对语文课产生发自内心的喜爱，让语文课和学生的生活产生一种真的联系，才能在潜移默化中发挥语文课的通识作用。

四、在新文科时代以"大文学"理念推进高职院校大学语文的文专融合

在新文科时代，大学语文的文专融合是一条必然道路，"大文学"的研究理念也鼓励文学和不同专业建立联系，丰富对文学本身的阐释和理解。

首先在教学内容的选择上就可以有意识地去结合专业。教学内容可分两部分，一部分是所有专业适用的经典作品，另一部分是各专业适用的教学篇目。很多文学作品本身就具有跨专业跨学科的性质，比如被鲁迅誉为"史家之绝唱、无韵之《离骚》"的《史记》就横跨文学和史学两大领域，《徐霞客游记》本身是地理学著作，也是优秀的文学作品。因此，有丰富的文学作品可以供教学者根据专业需求来选择。比如针对建筑学院，可以考虑从古代园林、各国标志性建筑等方面选择文章，选一些像《巴黎圣母院》《红楼梦》这些经典文学作品中和建筑密切相关的部分，比如《巴黎圣母院》的开头、《红楼梦》第十七回相关内容，让学生在经典中感受建筑的美感，在建筑中体会时代文化；也可以选一些像贝聿铭、王澍这些比较有名的建筑大师的相关材料，让学生在美感阅读的基础上去感悟建筑大师的理念指引、人格魅力；可以带领建筑专业学生一起阅读《汉字中的中国建筑》这类书籍，从古文字学和建筑的交叉领域中感受文化魅力，了解中国建筑渊源。如果是商学院，则可以选择茅盾的《子夜》，和学生一起从经济的角度研究小说；选择《史记·货殖列传》中的某些段落，在语文教学的基础上探讨古代一些商业理念、商业行为。如果是艺术设计学院，可以选择《佛像和我们》《莫高窟》《观巴黎油画记》《听蜀僧濬弹琴》等偏向艺术美感的篇目，也可以播放如《青春版牡丹亭》《敦煌》等富有美感的戏剧作品、纪录片等。

文专融合对于大学语文来说不仅是篇目的选择，具体的教学设计也应当考虑更贴

合专业。同一篇目的教学对不同专业而言就有不同融合的点。比如《论语》论孝这个主题，对于艺术设计学院建筑装饰专业来说，留给他们的问题是"孝"在建筑设计、布局中是如何体现的，对于化工学院的药品安全专业，可以布置类似"药学与孝文化""医药企业与孝养文化"的专题讨论。又如在道家思想的教学中，商学院的学生可以探讨《道德经》中柔弱胜刚强、低调等商业智慧，而艺术学院的学生可以结合中国古代书法、园林、雕塑等重点领略《道德经》中大象无形、大巧若拙、《庄子》"朴素而天下莫能与之争美，淡然无极而众美从之"等美学思想。在语文课的课前分享环节，也可以推荐不同专业的学生分享本专业的书籍，如商学院学生可以分享《世界是平的》《牛奶可乐经济学》《21世纪资本论》《史蒂夫·乔布斯传》等；建筑学院学生可以分享《交往与空间》《建筑师成长记录》《建筑家安藤忠雄》等。这些书籍本身就是文学文化和不同专业领域的交叉融合，通过此类书籍的分享阅读达到提升学生阅读能力、总结能力、表达能力、逻辑思考能力等的通识效果。

和本科院校相比，高职院校所有专业都更加偏向于应用和实践。语文教学的文专融合中也应当考虑应用的部分。语文教师可以和专业教师充分沟通，考虑在专业化的任务中完成对学生语文能力的训练。比如艺术设计学院的数字传媒专业，如果要拍摄古镇、园林、城市宣传片，那么可以在前期的语文课堂上有针对性地对宣传片文稿的立意、篇章结构、起承转合等进行训练；信息工程相关专业，可以让学生使用相关软件具象化作品的某些选段，用信息技术表现文学之美；交通学院和建筑学院，可以结合实训场景，引入专业的工作文件作为语文沟通表达能力训练的材料，提升学生理解工作文件（包括工作日志、日常工作经验总结、维修保养信息等）的能力和撰写工作报告的书面表达能力；药品安全专业的学生可以尝试将撰写药品医学方面的科普文章作为语文课堂的训练作业；商学院可以设置商业相关对话情景，锻炼学生口语表达和推销等专业能力。总体而言，在高职院校，语文与专业的融合需更贴合学情，更注重实用性，结合学生实训或工作可能用到的场景，用专业性质的文段作为阅读理解的材料，让专业任务的写作成为写作能力的培养途径之一，在专业化的场景中完成对学生语文能力的训练和提升。

对于高职院校的大学语文课而言，课程容量有限，有些院校语文课时不足30个（笔者在国培项目中和其他高职院校的老师交流得知），笔者所在院校大学语文开课54学时，和英语、数学96个学时相比，课堂容量也明显不足。在这种情况下，有条件的高职院校在文专融合方面可以考虑开发以语文为核心的选修课程群，结合不同专业更有针对性地开发不同的课程。笔者所在的学校，网络营销与直播电商是王牌专业，可以结合直播开设直播口语训练、沟通与表达等课程。还可以结合艺术传媒专业开设宣传片写作课，结合建筑学专业开设中国传统文化与建筑等课程，打造语文通识类课程群。

当然，除了这种篇目的选择、教学的设计，结合专业的应用型训练、课程群的开发等具体的方式方法外，更重要的是我们应当找到语文和不同专业的真正契合点，从通识教育的高度去引导不同专业的学生，也就是说，并不是让大学语文课完全迁就专业，而是从培养一个全人的角度去进行文专融合。就像笔者所在学校建筑学院的育人理念是"筑建筑理想，建理想建筑"，建筑不仅仅是一栋房子、一座桥梁那么简单，建筑的美和文学的美是共通的，建筑和文学一样是文化的载体，蕴含一个国家一个民族一个时代的精神内涵，是建造者精神理念的反映，甚至是一个时代精神的体现，这也许才是文学和建筑专业的真正契合点。比如艺术设计学院，流于形式的空洞设计是没有灵魂的，富有文化底蕴的设计才能动人心魄，艺术本身就需要文学文化的熏陶。对于商学院来说，文学文化塑造的义利观、道德修养与人情世故的纠缠可能才是文学和商业在思维思想层面真正的碰撞。这些都是语文作为通识课程体系中的一员需要继续深入思考的问题。在新文科时代，在"大文学"的视野下，高职院校的大学语文教育仍然任重而道远。

"人文通识"课程的"大文学"思考
与"信息化"反思

李俊杰

四川师范大学国际教育学院

当"新文科"建设的要求在 21 世纪第二个十年被提出后,我国高校普遍开启了对"新文科"定义和理念、历史与新变、方法与发展等多方面的研究。相关研究成果非常丰富。仅 2021 年,教育部公布的首批新文科研究与改革实践项目,在近四百所高校逐步开展,总数已逾千项。如此热烈的学术潮流和庞大的发展规模,不仅要求我们积极投入精力进行充满创造性的研究与尝试,也需要我们从容地回望,做有效的再思考和再调适。

新文科研究和改革实践项目,是研究与尝试,同时在不断开展中也发展了"新文科"的内涵。综观这一千多项课题,一方面,课题持续拓宽"文科"视野,开掘"文科"内涵,提升与改革既有的"文科"教育理念和模式,从传统文化与地方文化的时空角度进行有效开拓,对当代科技工具尤其是网络信息技术积极主动选择,汲取有效资源,探索"新文科"建设的可能。另一方面,"新文科"试图积极打破学科壁垒,理、工、农、医、文、史、哲、法,尤其是智能科技与思政教育等新要求与跨学科资源,积极引入文科建设,根据各高校不同专业在培养方向的优势和特点,进行新文科的创新与发展。

"新文科"相较于传统意义上的文科,有什么"新"的特点呢?传统中国,学科之间互相融通,不仅文、史、哲没有明确界限,今天看来,如医学、地理、数学等,也交叉互渗。近代以来,由"四部"知识系统,转向"七科之学",逐步转向学习西方工业技术和先进科学理念,同时对传统政治、伦理、经济、制度等进行文化反思。经过百年发展,我们借助这些界限分明的学科概念,培育了一代又一代的专业人才,推动了国家发展,创建了现代文明国家。近年,随着社会的快速进步和学术事业的深入发展,我们逐步认识到学科分工过度精细,造成了学科的相对封闭,渐渐发现社会进步和学术增值需要打通学科壁垒,促进学科的交叉融合。于是,借力现代科技、展现时代关切、突出融通发展的"新文科"概念应运而生。

在"新文科"的发展路径中，交叉融合、数字人文和信息化教学等要求，积极推动着学科的快速发展。从各级课题立项、成果发表和教改实践来看，文科和其他相关学科，尤其是和信息时代的显要人类成就相融合，为文科的研究拓宽了路径，获得了增量。然而值得思索的问题是，上述成果还一定程度地只集中于专业性的学术研究和教学过程中，我们还可将其进一步作为"新文科"的阶段性成果普及于一般性的"人文通识"课程的教学过程中。

如何在文科教学本身，尤其是面向高校其他专业的人文学科通识教育过程中，以文科为"增量"之源，积极反哺其他学科。笔者在此以二级学科中国现当代文学在高校开设的人文通识选修课为基础，以近期的热点——交叉融合、数字人文和信息化教学改革为畛域，进行初步的讨论。

人文通识课程在高校的开设，在近现代中国高等教育中始发，梅贻琦在《大学一解》中提出"通识为本，专识为末"，提出了高等教育"通识"的理想。但在中国高等教育发展的历程中和具体实践中，通识教育往往是学分最低、学习难度最低、学习热情最低的学科。在"新文科"语境中，梅贻琦这一理想将有可能得到还原与发展。

新文科语境中的"中国现当代文学"选修课程，能够为跨学科学习者提供什么呢？我认为，可以概括为在交叉融合中培育人文素养，在数字人文中培养问题意识，在信息化教学改革中培养媒介素养。现阶段的大学人文通识类课程，即文学类的选修课，大多集中于对文学文本的审美特点的赏析，或将文学文本作为理解社会历史的材料，进行一般性的社会历史评析。这其中有文学审美的培养，当然，更重要的是，这种纯粹审美的陶醉体验，是以对现实的疏离为代价的。换句话说，我们能否在保存文学审美能力的锻造和培养的基础上，将选修课包含的更丰富的价值凸显出来呢？

在学科交叉融合的过程中，人文学科贡献给其他学科的，总体而言，应该是"人文素养"。作为"非专业教育"的高等教育组成部分，通识教育旨在培养积极参加社会生活的、有社会责任感的、全面发展的社会的人和国家的公民，是一种广泛的、非专业性的、非功利性的基本知识、技能和态度的教育。[①] 我们需要思考的是，通识教育所倡导的那些宗旨，实际上是最容易通过"人文通识"或者文学选修课达到的。如何在文学的框架内，说明人文性思维的力量，凸显自由言说的必要、给予自由思维的权利，并将其作为一种基本价值观，奉献给选修课的青年，是一个可以讨论的问题。

除却借文学史上的作家、作品、掌故来传递百年来中国文化在文明建设中发挥的积极作用，还可以展示更多学科的现在进行时。在中国现当代文学学科内部，有过一些对学科本身的深度讨论和反思，譬如"学科起点"问题、学术史问题、文学作品阐释大相径庭问题、文献学问题……新材料新方法新观点促进学科的发展，然而，这些

---

① 参见李曼丽（1999）. 通识教育——一种大学教育观. 北京：清华大学出版社.

新鲜的争议现场，却鲜有搬进通识课的课堂。这与师资、教学目的和培养计划制定等，都有关系。所以，笔者提倡，"非专业教育"恰恰要展示该"专业"的正在进行时，而非趋于稳定的经典结论。从文学学科的学术争论中，感受学术的民主。

数字人文在文学学科的发展过程中，已然成为学者们相继入局的具有智能时代显著标识的学术增长热点。有基础性的借助电子文献史料爬梳文学史细节不断突破旧说的新议论，亦有大规模的以信息化手段建设诸如数据库、史料集成的规模化项目。从现实状况来看这类实践，很难在通识课程中转化为有效的教育资源。笔者做过尝试，在四川师范大学为师范生开设的"中国现当代文学经典赏析"课程中，将朱自清的《背影》按照中学语文课堂的标准讲授，与网络上盛行的倪文尖教授讲授版本，并置给学生，让他们利用各种数据库寻找文学史料，发掘中学课堂标准答案讲授的史料源头，搜集研究论文进行分析，对新进网络上出现的所谓"新说"进行讨论，最终还原了《背影》的相关历史细节，并形成了一个新问题：给基础教育阶段的学生讲授父与子的嫌隙、家庭的变故，是否合适？最终学生在有关伦理、教育、沟通等问题的争论中，收获了良好的教学效果。当然，笔者也发现，在缺乏指导的情况下，学生利用互联网进行学习的过程中，存在在各类信息中无法辨别真伪、信奉伪说的情况，对于此类问题，都需要在教学研究中，通过对阅读的强调、对常识的培养、对语境的分析、对文本的辨析等文学教育手段，进一步提升学生的信息素养。

数字人文不应是获取答案更便捷的方式，而是发现问题的途径。互联网是问题的起源，人文学科形成的丰厚的学术传统才是解决问题的途径。

人文通识课在信息化教学的要求下，实际上在现有的授课体系中仅能呈现为各平台的网课设计展示和多媒体终端的运用。信息化教学，一方面要求利用信息技术进行教育和学习，同样，也有对信息技术本身的反思。信息技术，一定程度上可以创造"没有大门的大学"，实现知识共享的便利，然而更需要对信息本身加以甄别。媒介素养就显得尤为重要。人文通识课，就拥有这一训练的天然优势。人文学科各学说、各研究之间，有显著的差异，此差异背后体现了价值观、身份、知识储备、认知等显著的不同。利用人文学的思辨性作为媒介素养训练的对象，有显著的效果。文学和社会，有密切的联系。李怡认为，外在的社会文化概念只有经过了诗这一特定艺术形式的接纳、融解和重新编制以后才是有意义的，也才有研究的必要[1]，同样，"回到文学，但不是那种理想化的'纯文学'，而是包含了诸多社会文化信息的'大文学'"[2]。在这个基础上，对文学的编码与解码的过程，是有益于教学过程的。所以我们积极提倡，以"大文学"的研究理念，积极改善人文通识课程的现状。

人文通识课，尤其是文学类的选修课程，在培养方案中只占有设计理念和学分上

---

① 参见李怡（2015）. 中国现代新诗与古典诗歌传统. 北京：中国人民大学出版社.
② 李怡（2014）. 回到"大文学"本身. 名作欣赏，10.

的一席之地，不能充分彻底地发挥其应有的价值，这是不应该的。在"新文科"语境下，考虑以"大文学"为实践路径，对"信息时代"人文通识类课程的价值和问题进行全面反思，显得尤为重要。

档案库

中国高校汉语国际教育专业的历史与现状[*]

刘天泉

四川大学文学与新闻学院

一、汉语国际教育专业的历史

汉语国际教育，原名对外汉语教学，现名国际中文教育，这一学科最早的设立可以追溯到 1978 年。1978 年 3 月，吕必松先生在北京地区语言学科规划座谈会上提出："应当把对外国人的汉语教学作为一个专门的学科来建设，应当在高校中设立培养这类教师的专业，并成立专门的研究机构。"[①] 1984 年，王力先生在纪念《语言教学与研究》创刊五周年的语言学家座谈会上明确表示："对外汉语教学是一种学问，一门科学……研究对外汉语教学就要让人知道外国人学汉语，到底在什么地方好懂，在什么地方不好懂。"[②] 从此之后，对外汉语教学/汉语国际教育作为一个学科，开始稳健发展。

1983 年，北京语言学院（现北京语言大学）、北京外国语学院（现北京外国语大学）等高校首批开设对外汉语教学专业用于培养对外汉语教学师资专业化人才。1986 年，首批对外汉语教学方向的硕士开始招生，1997 年，"对外汉语教学方向"在"语言学及应用语言学"学科目录下开始招收首批博士生。2007 年，为满足日益增长的对外汉语教师的需求量，对外汉语教学开始招收专业学位硕士研究生。2012 年，该专业更名为"汉语国际教育"，专业的主要培养目标仍为"能在国内外各类学校从事汉语教学"。2018 年，汉语国际教育专业学位博士也正式开始招生。

在 2019 年的国际汉语教学大会上，中共中央政治局委员、国务院副总理孙春兰在主旨发言中强调要积极发挥汉语母语国的优势，在师资、教材、课程等方面创造条件，为各国民众学习中文提供支持。时任教育部部长陈宝生也在大会发言中表示，语言教育是教育事业的重要内容，国际中文教育是世界各国民众学习中文、了解中国的

---

* 本文受 2021 年国际中文教育研究课题重点项目资助，项目名称："中文＋"与"＋中文"专业人才培养模式在泰国的推广和本土化研究，编号：21YH02B。

① 李晓琪（2019）. 新时代汉语国际教育学科建设与发展的新机遇. 国际汉语教学研究，4.

② 本刊讯（1984）. 为纪念《语言教学与研究》创刊五周年我院邀请部分语言学家举行座谈. 教学与研究，3.

有效途径。这是"国际中文教育"这一术语首次出现在正式场合。自此之后，"国际中文教育"这一表述的使用逐渐增多，也标志着汉语国际教育，或者说国际中文教育的发展进入了新的时代。

二、汉语国际教育专业的现状

（一）课程设置

《国际汉语教师标准》对国际汉语教师的基本要求为：一是掌握汉语教学基础知识，二是掌握汉语教学方法，三是能够进行有效的教学组织与课堂管理，四是了解中华文化并有进行跨文化交际的能力，五是具有职业道德并具备专业发展意识。但通过对各高校的调研，笔者发现各高校在汉语国际教育专业的课程设置上尽管有所差别，但总体上大同小异：以语言本体知识教学为主，辅以一定的汉语教学技能课课程、文学类课程、文化类课程和实践类课程。在职业道德和职业发展规划等问题的教育上几乎没有设置任何课程。普遍存在着课程设置针对性不强、缺乏培养特色、专业实践性较弱的问题。

在针对学生的调研中，笔者发现，不同的群体对课程设置的需求会有所不同：本科在读和研究生已就业的同学最希望增加文化课程比重，而本科已就业和研究生在读的同学最希望加重教学技巧培训课程的比重。但本科阶段主要注重理论学习，研究生阶段主要注重实践培训，而本科生和研究生中都有不同目标和规划的同学，所以并不能完全满足学生们的多样化需求。

在实践环节，笔者发现尽管各个高校对于汉语国际教育专业的学生都提出了明确的要求，但在实际的教学过程中，高校并没有针对性地为学生提供实习的机会，大多数学生仍然只能通过与专业无关的实习来完成学校的对于培养方案上实习学分的要求。特别是新冠疫情暴发后，汉语教师志愿者项目开展的实习名额大幅缩减，让同学们的实习实践更加困难。

（二）学生培养

通过对各高校汉语国际教育专业学生进行调研，笔者发现，学生在报考这一专业的时候，大多对这一专业有着一个共同的认知：传播汉语及中华文化，提升中国国家形象。可见学生们对于这一专业有着较强的认同感、责任感和使命感。

但同时，笔者也发现，很多学生对这一专业的前景持有悲观的态度。特别是2020年新冠疫情暴发之后，由于各国防疫政策的影响，汉语国际教育专业的学生很难找到机会前往国外开展教学实习实践，这对于学生今后的学习和工作规划造成了较大的困扰。

此外，在学生的职业规划方面，国家设立这一专业的初衷是满足日益增长的国际汉语教师的需求，但在调研中，笔者发现仅有很少的一部分同学选择从事汉语国际教育相关工作，更多的同学希望成为中小学教师、公务员等，这表明高校对学生的职业规划和职业观的教育存在不足。

三、汉语国际教育专业的建设建议

（一）学科定位要更加明确，尽量实现本硕博一体化建设

汉语国际教育本科专业在培养过程中依托的是中国语言文学一级学科，很多高校将汉语国际教育专业定位为师范方向专业，本科学位证为文学学士，而在 2020 年教育部印发的《教育类研究生和公费师范生免认定中小学教师资格改革实施方案》中明确指出，汉语国际教育硕士毕业学位认证为教育类硕士。而博士更是要五年的对外汉语教学经验才能达到申请要求。本硕博三个阶段没有形成统一的学科归属，没有一致的培养目的，学生对自己的专业定位不清、没有正确的规划，从而导致人才的流失。

（二）课程设置需更灵活，以满足学生不同需求

课程设置应尽量全方位地提升学生专业素养。根据大环境需求，调整课程占比，形成专业核心竞争力。

首先，本硕期间都继续保持汉语本体知识的主导地位，但是逐步提高实践课程和文化课程等其他课程的占比。在"认为汉教专业学生需要具备的专业素养"一题中，大部分汉语国际教育专业人才皆认为文学素养、语言学术素养、语言表达能力、人际沟通技巧、外语口语能力及语言文化教学技能，都是专业学生需要具备的专业素质，并没有哪一部分最为需要和突出，说明学生希望综合素质得到提高。

其次，丰富选修课，让同学们根据自己的需求和规划，去选择自己想要提升的专业素养。可以开设更多的专业选修课，尽量满足不同情况、不同规划的同学的需求，也能满足同学们综合素质提高的需要。

（三）增加职业规划活动

在教学前期开设深造规划和就业规划相关课程和讲座，让同学们更加了解该专业的深造去向和就业去向，在就读期间就有更清晰的规划。除了邀请相关专业的教师开设课程之外，还可以请该专业已毕业的优秀学生分享自己的求职或升学的经历，让同学们有一个更清晰的认识和规划。

（四）提供对口实习岗位

学校应提供更多更优质更对口的实习岗位，激发并保持同学们对该专业的积极性和责任感。

四、结语

当前的我们正处于一个"百年未有之大变局"的时代，汉语国际教育作为一门发展时间不长的学科，在新冠疫情的影响下，面临着前所未有的挑战，相关高校应该健全课程体系，丰富实践形式，变被动为主动，积极推动汉语国际教育专业的发展。

参考文献

崔希亮（2018）. 汉语国际教育的若干问题. 语言教学与研究，1.

马箭飞，梁宇，吴应辉，等（2021）. 国际中文教育教学资源建设 70 年：成就与展望. 天津师范大学学报（社会科学版），6.

吴应辉（2016）. 汉语国际教育面临的若干理论与实践问题. 云南师范大学学报（哲学社会科学版），1.

吴应辉（2022）. 国际中文教育新动态、新领域与新方法. 河南大学学报（社会科学版），2.